Heinrich Pallmann

Johann Adam Horn, Goethes Jugendfreund

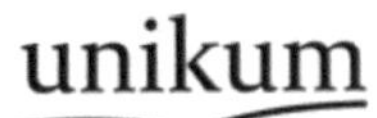
unikum

Heinrich Pallmann

Johann Adam Horn, Goethes Jugendfreund

ISBN/EAN: 9783845741956

Erscheinungsjahr: 2012

Erscheinungsort: Bremen, Deutschland

www.unikum-verlag.de | office@unikum-verlag.de

Bei diesem Titel handelt es sich um den Nachdruck eines historischen, lange vergriffenen Buches. Da elektronische Druckvorlagen für diese Titel nicht existieren, musste auf alte Vorlagen zurückgegriffen werden. Hieraus zwangsläufig resultierende Qualitätsverluste bitten wir zu entschuldigen.

Heinrich Pallmann

Johann Adam Horn, Goethes Jugendfreund

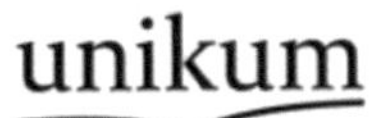

Goethes Jugendfreund

Herausgegeben von
Heinrich Pallmann

Erschienen
im Insel-Verlag Leipzig 1908

Habent sua fata libelli! In dem Katalog einer Ver=
steigerung von Büchern und graphischen Arbeiten aus
dem Nachlasse des Dr. Franz Schnitzer in München, die
dort im November 1902 bei Hugo Helbing stattfand, war
unter Nr. 28 folgender Titel verzeichnet:

„Ausarbeitungen, Jugendliche, bey müßigen Stunden.
(Gedichte.) Franckf. u. Lpzg., in der Eßlingerischen
Buchhdlg. 1766. kl. 8°. 160 S.S. br. Enth. Vergleich
zwischen e. Soldaten u. Liebhaber od. d. Vorzug der
Jugend in Kriegs= u. Liebes=Vorfallenheiten, in e. Rede
in Versen abgehandelt am 4. Aug. 1765. — Abschieds=
Rede geh. am 8. Sept. 1765, als sich d. wöchentl.
Zusammenkunft auf d. Hörsaale trennete, u. als etliche
gute Freunde Franckfurt verließen. — Das Pochspiel,
od. die glückliche Bellinde, e. Heldengedicht in 3 Ge=
sängen. — Verschiedene (kleinere) Gedichte.“

Dank der ausführlichen Inhaltsangabe, die man sonst
nicht in Versteigerungskatalogen antrifft, sah ich mir das
Büchlein vor der Versteigerung an und fand, was ich vermutet
hatte, Hindeutungen auf Goethes Jugendleben, und auch
bald den Verfasser, der sich auf Seite 95 mit H** unter=
zeichnete. Kein Zweifel, hier lagen Gedichte von Johann
Adam Horn, dem „Hörnchen“ aus Goethes Jugendzeit vor,
der seine Freunde Goethe, Moors und Riese vor deren
Abgang nach der Universität in der Abschiedsrede am 8. Sep=
tember 1765 angedichtet hatte. Selbstverständlich suchte ich
das Büchlein zu erwerben, was mir auch gelang. Nun hieß
es weiter forschen. Da ich wußte, daß von Horn bisher
keine Gedichtsammlung bekannt war, hätte trotzdem das
Büchlein unerkannt doch irgendwo in einer Bibliothek sein
können; eine Reihe von Anfragen brachte aber nur ver=
neinende Antworten.

Nachdem ich die Angelegenheit infolge von Überhäufung
mit Berufsarbeiten einige Zeit hatte ruhen lassen, erhielt
ich auf eine erneute Anfrage von der inzwischen eröffneten
Auskunftsstelle der deutschen Bibliotheken die Mitteilung,
daß sich das Bändchen in der Stadtbibliothek zu Hamburg be=
fände, wohin es im Jahre 1855 aus der Bibliothek Hans
Schröders gekommen war und wo es seitdem ohne Angabe
des Verfassers ein verborgenes Dasein geführt hatte. Ob=
gleich nun zwei Exemplare vorhanden waren, glaubte ich
doch, daß es mit allem, was über seinen Verfasser ausfindig
gemacht werden konnte, weitere Verbreitung verdiente.

So ist das Buch entstanden, das nur einen bescheidenen
Platz in der Goethe=Literatur einnehmen will, das aber
doch manches Neue bringt, wenn auch nicht zu vermeiden
war, bereits Bekanntes wieder hervorzuholen.

Allen denen, die mich bei der Arbeit aufs freundlichste
durch Mitteilungen unterstützten, sei hiermit gebührender Dank
ausgesprochen. Es sind dies die Herren: Prof. Dr. Heuer,
Archivdirektor Prof. Dr. Jung und Prof. Dr. Alexander
Riese in Frankfurt a. M., Geh. Hofrat Prof. Dr. Karl
Bücher, Geh. Hofrat Dr. Oskar von Hase, Dr. Anton
Kippenberg, Direktor der Stadtbibliothek Prof. Dr. Wust=
mann in Leipzig, Geh. Hofrat Prof. Dr. Suphan und
Dr. med. Walther Vulpius in Weimar, Geh. Hofrat
Prof. Dr. Hermann Haupt in Gießen und Ober=
bibliothekar Prof. Dr. Milchsack in Wolfenbüttel. Auch
der inzwischen verstorbenen Herren Major a. D. Sickel
in Freiberg i. S. und Geh. Hofrat Dr. Ruland in Weimar
sei in dankbarer Erinnerung gedacht.

München,
   März 1908.   Dr. Heinr. Pallmann.

Johann Adam Horn wurde am 10. Januar 1749, einem
Freitag, morgens zwischen 3 und 4 Uhr zu Frankfurt
am Main geboren. Sein Vater war Johann Peter Horn,
bürgerlicher Zeugschreiber und Ingrossist (Kanzlist) bei der
Stadtkanzlei, von dessen öffentlicher Tätigkeit wir durch
Goethe erfahren, daß er am 12. Dezember 1763 das Edikt
für die Wahl und Krönung des römischen Königs Joseph II.
unter Trompetenschall an 21 Stellen der Stadt verkünden
mußte [1]). Getauft wurde der Neugeborene am 11. Januar
nach dem Namen seines mütterlichen Großvaters, des
Bürgers und ältesten Visierers [2]) Johann Adam Ruppel.
An Geschwistern hatte unser Adam, denn dies war sein
Rufname, einen 1751 geborenen Bruder und eine zwölf
Jahre später geborene Schwester, die beide in jugendlichem
Alter starben [3]).

Als zehnjähriger Knabe, am 17. April 1759, trat dann
Adam Horn in das Gymnasium seiner Vaterstadt, in das
heutige Lessing=Gymnasium, ein und zwar nicht in die
unterste Klasse, in die Septima, sondern in die Quarta.
Obwohl für jede Klasse eigentlich ein Jahr bestimmt war,
so wurde doch damals der Besuch einer Klasse mitunter
auf mehrere Jahre ausgedehnt. So befand sich auch Horn
noch am 25. September 1760 in derselben Klasse, an
welchem Tage er bei der „Progression" (der Schulfeier)

---

1) Goethe, Dichtung und Wahrheit. Berlin, Hempel, Tl. 1, S. 168.
Die dort ohne Nennung des Namens erwähnte „Kanzleiperson" war
Johann Peter Horn. Vgl. ebenda S. 351, Anm. 138. — 2) Die Vi=
sierer waren subalterne Stadtbedienstete und bezogen ein jährliches Gehalt
von 350 Gulden. Sie hatten Käufern und Verkäufern zu visieren, d. h.
die richtige Eiche der Fässer anzugeben, die Gebühren von dem zu Schiff
eingebrachten Wein zu erheben und die Ordnung auf dem Weinmarkt zu
beaufsichtigen. — 3) Über seine Familie vergleiche man die am Schlusse
befindliche Stammtafel.

als Deklamator auftrat; ein Jahr später, am 24. Sep=
tember 1761, wird er als Tertianer bei derselben Gelegen=
heit wieder als Deklamator erwähnt. Dann berichten die
Gymnasialakten nichts mehr von ihm[1]). Bevor er das
Gymnasium zum Übertritt an die Universität verließ, trat
für ihn ein Ereignis ein, das, wenn es auch nicht für
sein künftiges Leben entscheidend sein sollte, ihn doch im
Gedächtnis der Nachlebenden erhalten hat, da auch auf
ihn „ein Strahl der Dichtersonne fiel, der ihm Unsterb=
lichkeit verlieh." Es mag wohl im Frühjahr 1765 gewesen
sein, als er, wahrscheinlich durch seinen Mitschüler Ludwig
Moors, der als Nachbarskind frühe mit Goethe bekannt
geworden war, diesen kennen lernte und in kurzer Zeit
mit ihm befreundet wurde. Goethe, der, nach jenem für
ihn so verhängnisvoll gewordenen Vorfall mit Gretchen
und seinen damaligen Jugendgenossen, seiner eigenen Aus=
sage nach[2]), im Frühjahr 1765 sich in jedem Sinne wieder
erholt hatte, scheint rasch einen neuen Kreis von Freunden,
zu denen auch ein anderer Mitschüler Horns, Johann
Jakob Riese, gehörte, um sich gebildet zu haben.

Über diesen fröhlichen Freundeskreis und über die
Rolle, die Horn darin spielte, wird uns wohl niemand
besser als Goethe selbst berichten können. Er sagt hierüber
in seiner Lebensbeschreibung[3]): „Das Personal einer jeden
heiteren Gesellschaft vollständig zu machen gehört noth=
wendig ein Acteur, welcher Freude daran hat, wenn die
Übrigen, um so manchen gleichgültigen Moment zu be=
leben, die Pfeile des Witzes gegen ihn richten mögen. Ist
er nicht bloß ein ausgestopfter Sarazene, wie derjenige,

---

1) Mitteilungen des Herrn Professors Dr. Alexander Riese in
Frankfurt a. M. — 2) Goethes Werke, Weimarer Ausgabe, Bd. 27.
Dichtung und Wahrheit, Tl. 2, S. 383. — 3) Ebenda Seite 35—38.

an dem bei Lustkämpfen die Ritter ihre Lanzen übten,
sondern versteht er selbst zu scharmuziren, zu necken und
aufzufordern, leicht zu verwunden und sich zurückzuziehen,
und, indem er sich Preis zu geben scheint, anderen eins zu
versetzen, so kann nicht wohl etwas Anmuthigeres gefunden
werden. Einen solchen besaßen wir an unserem Freund
Horn, dessen Name schon zu allerlei Scherzen Anlaß gab
und der, wegen seiner kleinen Gestalt, immer nur Hörnchen
genannt wurde. Er war wirklich der Kleinste in der Gesellschaft, von derben, aber gefälligen Formen; eine Stumpf-
nase, ein etwas aufgeworfener Mund, kleine funkelnde
Augen bildeten ein schwarzbraunes Gesicht, das immer
zum Lachen aufzufordern schien. Sein kleiner gedrungener
Schädel war mit krausen schwarzen Haaren reich besetzt,
sein Bart frühzeitig blau, den er gar zu gern hätte wachsen
lassen, um als komische Maske die Gesellschaft immer im
Lachen zu erhalten. Übrigens war er nett und behend,
behauptete aber krumme Beine zu haben, welches man
ihm zugab, weil er es gern so wollte, worüber denn
mancher Scherz entstand: denn weil er als ein sehr guter
Tänzer gesucht wurde, so rechnete er es unter die Eigen-
heiten des Frauenzimmers, daß sie die krummen Beine
immer auf dem Plane sehen wollten. Seine Heiterkeit
war unverwüstlich und seine Gegenwart bei jeder Zusammenkunft unentbehrlich. Wir beide schlossen uns um
so enger an einander, als er mir auf die Akademie folgen
sollte; und er verdient wohl, daß ich seiner in allen Ehren
gedenke, da er viele Jahre mit unendlicher Liebe, Treue
und Geduld an mir gehalten hat.

Durch meine Leichtigkeit zu reimen und gemeinen
Gegenständen eine poetische Seite abzugewinnen, hatte er
sich gleichfalls zu solchen Arbeiten verführen lassen. Unsere

kleinen geselligen Reisen, Lustpartien und die dabei vor=
kommenden Zufälligkeiten stutzten wir poetisch auf, und so
entstand durch die Schilderung einer Begebenheit immer
eine neue Begebenheit. Weil aber gewöhnlich dergleichen
gesellige Scherze auf Verspottung hinauslaufen, und mein
Freund Horn mit seinen burlesken Darstellungen nicht
immer in den gehörigen Gränzen blieb, so gab es manch=
mal Verdruß, der aber bald wieder gemildert und getilgt
werden konnte.

So versuchte er sich auch in einer Dichtungsart, welche
sehr an der Tagesordnung war, im komischen Heldenge=
dicht. Pope's Lockenraub hatte viele Nachahmungen er=
weckt; Zachariä cultivirte diese Dichtart auf deutschem
Grund und Boden, und jedermann gefiel sie, weil der ge=
wöhnliche Gegenstand derselben irgend ein täppischer Mensch
war, den die Genien zum Besten hatten, indem sie den
besseren begünstigten.

Es ist nicht wunderbar, aber es erregt doch Verwun=
derung, wenn man bei Betrachtung einer Literatur, be=
sonders der deutschen, beobachtet, wie eine ganze Nation
von einem einmal gegebenen und in einer gewissen Form mit
Glück behandelten Gegenstand nicht wieder loskommen
kann, sondern ihn auf alle Weise wiederholt haben will;
da denn zuletzt unter den angehäuften Nachahmungen, das
Original selbst verdeckt und erstickt wird.

Das Heldengedicht meines Freundes war ein Beleg zu
dieser Bemerkung. Bei einer großen Schlittenfahrt wird
einem täppischen Menschen ein Frauenzimmer zu Theil, das
ihn nicht mag; ihm begegnet neckisch genug ein Unglück
nach dem andern, das bei einer solchen Gelegenheit sich
ereignen kann, bis er zuletzt, als er sich das Schlittenrecht
erbittet, von der Pritsche fällt, wobei ihm denn, wie na=

türlich, die Geister ein Bein gestellt haben. Die Schöne
ergreift die Zügel und fährt allein nach Hause; ein be=
günstigter Freund empfängt sie und triumphirt über den
anmaßlichen Nebenbuhler. Übrigens war es sehr artig
ausgedacht, wie ihn die vier verschiedenen Geister nach
und nach beschädigen, bis ihn endlich die Gnomen gar aus
dem Sattel heben. Das Gedicht, in Alexandrinern ge=
schrieben, auf eine wahre Geschichte gegründet, ergötzte
unser kleines Publicum gar sehr, und man war überzeugt,
daß es sich mit der Walpurgisnacht von Löwen[1], oder
dem Renommisten von Zachariä gar wohl messen könne."

Wir erfahren also hier, daß Horn dem Beispiele
Goethes folgend auch sich zu dichterischen Arbeiten hat
verführen lassen. Als Proben dieser poetischen Versuche
kannte man bis jetzt nur einige Verse aus Briefen und
die Zusätze zu Goethes Spottgedicht auf Clodius. Und
doch ruhten seit mehr als 50 Jahren bisher unerkannt
Horns Dichtungen in der Hamburger Stadtbibliothek, bis
durch das Auftauchen eines zweiten Exemplars sie nun an
die Öffentlichkeit treten sollen. Wie mag es wohl ge=
kommen sein, daß bis jetzt nur zwei Exemplare dieser bloß
mit Hinblick auf Goethe und seinen jugendlichen Freundes=
kreis beachtenswerten „Jugendliche Ausarbeitungen bey
müßigen Stunden" uns erhalten geblieben sind? Nach der
Vorrede des Verlegers war der Verfasser dieser „Jugend=
liche Ausarbeitungen" nicht nur nicht gesonnen, sie in den
Druck zu geben, sondern er vermutete nicht einmal den
Druck seiner Verse. Wenn wir sie, die am Schlusse dieses
Buches wortgetreu abgedruckt sind, durchblättern, so werden
wir die Abschieds=Ode auf den jungen Herrn R ** (Riese)

---

1) Joh. Friedrich Löwe, Die Walpurgisnacht, ein Gedicht in drey
Gesängen. Hamburg und Leipzig, 1756

vermissen, die doch gewiß ebensogut vorhanden war, wie die auf die jungen Herren G ** (Goethe) und M ** (Moors), wie ja auch Riese gleichermaßen wie die beiden genannten in der Abschieds-Rede angedichtet worden war. Wenn wir ferner sehen, daß das Büchlein ohne Inhaltsverzeichnis auf Seite 160 abschließt, so werden wir wohl mit Recht annehmen dürfen, daß der Druck plötzlich abgebrochen wurde und zwar vermutlich auf Veranlassung des Verfassers, der von der unberechtigten Veröffentlichung Kunde erhalten hatte, und damit wurde wahrscheinlich auch die ganze Auflage vernichtet, denn selbst Goethe und sein Vater besaßen keine Exemplare in ihren Bibliotheken [1]). Der Verleger Eßlinger, der in jener Zeit schwer unter der Frankfurter Zensur zu leiden hatte [2]), mag wohl dafür gesorgt haben, diese Angelegenheit möglichst rasch zu beseitigen, um nicht aufs neue mit den Behörden in Berührung zu kommen.

Vergleichen wir jetzt, was Goethe über eine dichterische Leistung seines Freundes Horn, über dessen komisches Heldengedicht, sagt, mit dem Inhalt der „Jugendliche Ausarbeitungen", so finden wir wohl ein solches Gedicht, aber nichts von einer Schlittenfahrt, sondern ein nüchternes Machwerk über das Pochspiel, auch keine Alexandriner, sondern siebenfüßige Trochäen. Sollte Horn vielleicht gar zwei Heldengedichte gemacht haben und soll nur das geringere veröffentlicht worden sein? Es ist dies kaum

---

1) Nach Mitteilungen der Direktionen des Goethe-Schiller-Archives und des Goethe-Nationalmuseums in Weimar und nach Durchsicht des Versteigerungskataloges der Bibliothek des Herrn Rat Goethe (im Goethehause zu Frankfurt a. M.) — 2) Nach Mitteilung des Herrn Archivdirektors Dr. R. Jung in Frankfurt a. M. kam er im Jahre 1766 wegen des Vertriebes zweier französischer Bücher in Arrest.

zu glauben; eher scheint mir, daß Goethe sein eigenes Gedicht, das er mit so vielen anderen Jugendarbeiten dem Feuer überliefert haben wird [1]), an Stelle desjenigen seines Freundes gesetzt hat. Wir wissen, daß auch er sich in dieser Dichtungsart versuchte, wenn auch die Erinnerung daran ihm offenbar keine Freude bereitete. In der Schilderung der letzten Zeit vor seinem Abgange zur Universität, wie sie ursprünglich für „Dichtung und Wahrheit" bestimmt war, aber nicht aufgenommen wurde, sagt er hierüber [2]): „Unglücklicherweise hatte sich damals das sogenannte komische Heldengedicht hervorgethan. Ich kannte Pope's Lockenraub, nach dem sich die andern gebildet hatten, im Original und hatte den traurigen Einfall etwas ähnliches hervorzubringen. Die Erfindung war von keiner Bedeutung, denn sie blieb ganz nahe an jenen Mustern; ein alberner Mensch wurde beschämt, ein hübsches Mädchen von einem unbequemen Liebhaber befreyt und was sonst noch zu einer solchen Composition gehört. Zachariä's Arbeiten hatten viel Glück gemacht und weil die Jugend sich immer nur am neusten bildet, so ging ich nun auf der Spur dieses Schriftstellers und eignete mir von ihm zu, was sich einigermaßen mit meinem Wesen vertrug. Ich verdarb auf diese Weise viel Zeit." Hier nur allgemeine Inhaltsangabe des Gedichtes, dort, bei der dem Freunde Horn zugeschriebenen Dichtung, eine ausführlichere, beide aber gleichlautend in ihren Grundgedanken; könnte hier nicht eine absichtliche Vertauschung der Verfasser möglich sein?

Sehen wir uns nun die übrigen Dichtungen Horns an, so finden wir vor dem „Pochspiel" zwei größere Ge-

---

1) Dichtung und Wahrheit, Weimarer Ausgabe, Tl. 2, S. 68. —
2) Ebenda S. 383.

dichte, auf die wir noch zurückkommen werden, nach ihm
29 verschiedene Gedichte: Übersetzungen aus dem Französischen und Lateinischen, darunter Übertragungen von vier
Oden des Horaz, die zwei schon erwähnten Abschieds-Oden
an Goethe und Moors, zwei Oden an die Phillis, womit
Johanna Philippine Sarasin gemeint sein wird, deren
Beziehungen zu Horn uns später noch beschäftigen werden,
ein kurzes Gedicht auf den Geburtstag des Herrn H **,
eine Trauer-Ode und anderes. Großer poetischer Wert
kann keiner dieser Dichtungen zugeschrieben werden, zum
Teil sind sie nichts als flotte Reimereien. Auffällig ist
die Frühreife des sechzehnjährigen Gymnasiasten, die aus
einigen ziemlich freien Gedichten spricht. Gelegenheits-
gedichte sind die Oden an Goethe und Moors, das Ge-
burtstagsgedicht für den Herrn H ** und die Trauer-Ode.
Wer dieser Herr H ** war, dessen Name, nach dem Vers-
maße zu schließen, dreisilbig gewesen sein und auf .. mann
geendigt haben muß¹), konnte nicht ausfindig gemacht
werden. Genaue Nachforschungen in den Frankfurter
Kirchen- und Bürgerbüchern, die davon ausgehen konnten,
daß er im Jahre 1765 seinen 66. Geburtstag feierte, er-
gaben nur, daß am 12. September 1699 ein Schneider
Jakob Hottelmann einen Sohn Johann Jakob taufen ließ,
der aber später nirgends mehr erwähnt wird. Da die
Gedichte Horns, soweit sich deren Datierung nachweisen
läßt, aus der Zeit vom 4. August bis 10. Oktober 1765
stammen, so fällt wohl des Johann Jakob Hottelmanns
66. Geburtstag in diese Zeit, aber in welchen Beziehungen
stand der Genannte zu Horn und dessen Freundeskreise?

---

1) Der Weinhändler Konstantin Hindermann (S. Dietz, Frankfurter
Bürgerbuch S. 40), der am 8. Februar 1765 seinen 66. Geburtstag
feierte, wird kaum in Betracht kommen können.

War er der Besitzer des Hörsaals, in dem die wöchent=
lichen Zusammenkünfte der Freunde stattfanden? Darüber
war nichts zu finden. Bemerkenswert ist, daß unter diesem
Geburtstagsgedichte sich der Verfasser mit dem Anfangs=
buchstaben seines Namens unterzeichnete.

Leichter wird uns die Sache bei der Trauer=Ode gemacht.
Sie ist der in den ersten Lebensjahren dahin geschiedenen
Schwester gewidmet. Nach den Kirchenbüchern ist diese
seine einzige Schwester, Maria Margareta, am 14. Mai
1763 getauft worden und am 10. Oktober 1765 gestorben.

Wenn wir uns nun zu den ersten beiden größeren Ge=
dichten wenden, so führen sie uns in den Freundeskreis,
dessen gesellige Freuden, wie uns Goethe berichtet, nur einen
Abend erforderten,[1] und zwar muß dieser, nach den von
Horn angegebenen Daten des 4. August und 8. September,
der Sonntagabend gewesen sein. Das erste dieser Gedichte,
eine Rede in Versen: „Vergleich zwischen einem Soldaten
und Liebhaber, oder der Vorzug der Jugend, in Kriegs=
und Liebes=Vorfallenheiten“ wird der jugendliche Verfasser,
der doch nicht aus Erfahrung sprechen konnte, aus des
Ovidius' Kunst zu lieben geschöpft haben, wie aus dem vor=
gesetzten Motto zu entnehmen ist. Wertvoller ist das zweite
Gedicht: „Abschieds=Rede gehalten am 8. September 1765,
als sich die wöchentliche Zusammenkunft auf dem Hörsaale
trennete, und als etliche gute Freunde Frankfurt verließen.“
In einer langatmigen Einleitung erwähnt er die drei
Freunde Goethe, Moors und Riese nur andeutungsweise
mit den Worten:

„Der eilt nach Leipzig hin und träget ein Verlangen,
Um dort den Dichter Cranz und Namen zu empfangen.“

---

[1] Dichtung und Wahrheit, Weimarer Ausgabe, I. 2, S. 38.

„Ein anderer beschließt in Göttingen zu leben
Und will alldorten sich dem Justinian ergeben.“
„Noch einer geht nach Marburg und suchet da sein Glück,
Kommt als ein Rechtsgelehrter ins Vaterland zurück.“

Dann wird jedem einzelnen ein besonderes Gedicht
gewidmet; an der Spitze steht Goethe: „Herr G **“, hierauf
folgt „Herr M **“ (Moors) und zuletzt „Herr R **“
(Riese), hieran schließt sich eine kurze gemeinsame Ansprache
an Goethe und Moors und am Schlusse eine solche „an
die Versammlung.“ Während er in Goethe mehr den
einstigen Dichter als den Juristen erblickt, sieht er in den
beiden anderen nur die künftigen Rechtsgelehrten, obgleich
aus der gemeinsamen Ansprache an Goethe und Moors
ersichtlich ist, daß auch dieser gleich Goethe sich mehrfach
durch Vorträge ausgezeichnet hatte.

An Goethe richtet er die Worte:
„Zieh froh ins muntre Sachsen, wohin du lang getracht.
Ins Land wo man die schönste und beste Verse macht.
Du hast von Kindesbeinen der Dichtkunst nachgestrebt,
Drum zeig’ uns daß dich diese mehr als das Jus belebt.
Eil’ zu den Musen hin die an der Pleisse wohnen!
Sie werden dorten dich und deinen Fleiß belohnen.
Zeig’ daß dir deine Muse noch immer günstig ist,
Und daß du auch in Leipzig, wie hier, ein Dichter bist.
Gewiß, Minerva lohnt noch einstens dein Bemühen,
Es wird dir nicht Apoll den Lorbeerkranz entziehen.“

Und ebenso feiert er ihn als künftigen Dichter in der
Abschieds=Ode:

„Dich nicht zu vergessen,
Streuen wir Cypressen
Auf den Helicon;
Frankfurts Musen trauren schon,

Denn sie müssen den entbehren,
Den sie froh verehren. — — —
Sieh der Musen Sehnen!
Dich bald zu becrönen,
Stehn sie Hofnungs=voll.
Bis der gütige Apoll,
Mit dem Kranz der dir gebühret,
Deine Scheitel zieret."

Wenn der junge Goethe zu jener Zeit nicht selbst im stillen die Überzeugung gehabt hätte, daß er wohl einmal neben Hagedorn[1), Gellert und anderen solchen Männern mit Ehre genannt würde[2), so hätten ihn die herzlich schlechten, aber gut gemeinten Verse seines Freundes Horn dazu bringen müssen. Sollte er aber niemals die Lust verspürt haben, sich gedruckt zu sehen?[3) So leicht wie heutzutage war es freilich einem angehenden Dichter damals nicht gemacht, aber doch bot sich ihm in Frankfurt eine Gelegenheit, die er benutzt haben könnte. In den Jahren 1765 und 1766 erschien nämlich dort im Verlage der Eßlinger'schen Buchhandlung eine von Christian

---

1) Hagedorn scheint in dem Freundeskreise sehr geschätzt worden zu sein, da auch Horn an die Spitze seiner Gedichte die Widmung an die Dichtkunst aus dessen Oden und Liedern setzte. — 2) Dichtung und Wahrheit, Weimarer Ausgabe, Tl. 2, S. 42. — 3) Wenn Goethe in dem Briefe vom 12. Oktober 1767 an seine Schwester seinen Ärger darüber äußert, daß die Höllenfahrt in einer „vermaledeyten Wochenschrift" abgedruckt worden sei, so entsprang dieser Ärger wohl mehr dem Umstande, daß dies ohne sein Wissen geschehen war, und weil er die Gedichte aus seiner Frankfurter Zeit in Leipzig nicht mehr für so gut hielt, als es früher der Fall gewesen sein mochte. (Vgl. Goethes Werke, Weimarer Ausgabe, IV, 1, S. 111.) Die „vermaledeyte Wochenschrift" waren „Die Sichtbaren", die als Gegenblatt der von Schwan herausgegebenen Wochenschrift „Der Unsichtbare" in Frankfurt erschien. S. Dichtung und Wahrheit, Hempel=Ausgabe, Tl. 1, S. 331, Anm. 111.

Friedrich Schwan herausgegebene moralische Zeitschrift:
„Der Unsichtbare", ein unscheinbares Wochenblättchen in
klein Oktav, das alle Montage das Stück um 4 Kreuzer
zu haben war[1]. „Der Unsichtbare" hat seinem Namen
Ehre gemacht, denn er ist für die Nachwelt fast unsichtbar
geworden; in keiner öffentlichen Bibliothek Deutschlands
ist er vorhanden[2]. Obwohl er, nach Schwans Aussage,
eine große Verbreitung gefunden hat, muß er doch nicht
für so wertvoll betrachtet werden sein, daß er aufgehoben
wurde. So z. B. besaß der Rat Goethe nur den ersten
Band, der in der Versteigerung seiner Bibliothek im Jahre
1794 um 11 Kreuzer verkauft wurde[3]. Dagegen hatte
der junge Goethe die Zeitschrift mit nach Leipzig genommen,
wie aus einem Briefe vom 31. Dezember 1765 an seine
Schwester ersichtlich ist[4]. Er schreibt, man möge ihm
den „Unsichtbaren" mit Gelegenheit schicken und zwar Stück
30 und die weiteren Stücke von 44 ab, bis 43 besitze er
ihn. Goethe muß also an dieser Zeitschrift ein gewisses
Interesse gehabt haben. Ein vollständiges Exemplar be-
findet sich in einer Frankfurter Privatbibliothek, das mir
zur Verfügung gestellt wurde, da ich hoffte, Horn auch hier
als Dichter zu begegnen. Mit redlichem Bemühen habe
ich mich durch die vier Teile oder zwei Bände durchge-

---

1) Mannheimer Geschichtsblätter, II. Jahrg. 1901, Seite 212 ff.
(Christian Friedrich Schwan's Selbstbiographie. Neu herausgegeben von
Julius Dieffenbacher.) — 2) Goethe-Jahrbuch VII, 1886, S. 132. —
Mannheimer Geschichtsblätter 1901, S. 213. — Mitteilung des Aus-
kunftsbureaus der deutschen Bibliotheken in Berlin. — Eine zweite ver-
kürzte Ausgabe, ohne die eingestreuten Gedichte, erschien in zwei Bänden
i. J. 1769 bei Schwan in Mannheim, sie zählt gleichfalls zu den Selten-
heiten. — 3) Nach dem Versteigerungskatalog im Frankfurter Goethehause. — 4) Goethe-Jahrbuch VII, 1886, S. 21 und Goethes Werke,
Weimarer Ausgabe, IV, 1, S. 33.

arbeitet, aber nichts gefunden, was an ihn erinnerte. Wohl aber fielen mir zwei Gedichte auf, mit —e unterzeichnet, die sich vorteilhaft von den übrigen abhoben. Ich bringe sie hier zum Abdruck und überlasse Berufeneren, als ich bin, zu entscheiden, ob wir hier nicht den jungen Goethe in seinen ersten uns überlieferten Gedichten vor uns haben. Das erste Gedicht, ohne Überschrift, steht auf Seite 112 im 7. Stück und lautet:

„Ich möcht mich, könnt ich nur, zu einem Stutzer machen,
Denn man gefällt sonst nicht. Es ist nun so die Zeit.
Doch fehlet mir noch viel, ein bißgen Artigkeit,
Ein feiner Witz, ein Schertz und tausend andre Sachen.
Ich kann das Tändeln nicht, nicht schertzen und nicht lachen.
Da sieh nur meinen Rock, ach! der ist viel zu weit,
Die Weste gar zu lang, mein Hut erschreklich breit,
Ich kann kein Pharao, nicht damen und nicht schachen.
Das Frauenzimmer, Freund, weiß ich nicht recht zu führen,
Nimmt man den Handschuh denn, wie sonst noch in die
          Hand?
Mir fehlt ein kleiner Hut, mir fehlt ein Degenband,
Es mangelt mir sogar an Flüchen und an Schwüren.
 Wie lern ich alles dies? Ist es dir nicht bekannt?
 Ein süßer Herr zu seyn, verlier nur den Verstand.
            —e“

Das zweite Gedicht bringt das 30. Stück, das Goethe in Leipzig nicht mehr besaß, auf Seite 176—178. Die hier bemerkbare Anlehnung an Lessing[1] dürfte bei einem Sechzehnjährigen zu entschuldigen sein. Es ist betitelt:

---

1) Vgl. Lessing's sämtliche Schriften, Ausgabe Lachmann-Muncker 3. Aufl. Bd. 1: Die Türken S. 68. Die Gespenster S. 71—73. Der Wunsch S. 77/8.

„Der Autor.

Wenn in den ersten Augenblicken,
Da kaum ein Jüngling schreibt, Kritiken,
Den nahen Fall ihm prophezeihn;
Da, mag ich nicht ein Autor seyn.
Doch, lobt man ihn nach seinen Jahren,
Und spornt ihn an so fort zu fahren,
Mischt man auch gleichwol Tadel ein,
Dann möcht ich gern ein Autor seyn.

Wenn mich ein dummer Mensch erhöhet,
Der nichts von meiner Schrift verstehet,
Und spricht: ich schreibe witzig, fein;
Da mag ich nicht ein Autor seyn.
Wenn aber Kluge sich verbinden,
Die Fehler meines Werks zu finden,
Und macht mich auch ihr Tadel klein,
Da möcht ich doch ein Autor seyn.

Wenn unsre schlechte teutsche Bühnen,
Sich noch des Lipperleins bedienen,
Ist Buffon, Harlekin darein;
Da mag ich nicht ein Autor seyn.
Doch wenn in ächten Trauerspielen,
Wir nachgeahmte Schmerzen fühlen,
Nimmt uns die Sara Samson ein,
Da möcht ich so ein Autor seyn.

Wenn S. [1] stolz Epopeen machet,
Daß jeder, statt zu weinen, lachet,
Rühmt ihn gleich G. [2] als schön, als rein;
Da mag ich nicht ein Autor seyn.

---

1) Christoph Otto Freiherr von Schönaich. — 2) Gottsched, den
Goethe bekanntlich auch später nicht besonders schätzte.

Doch wenn ich im Virgil gelesen,
Und sehe, daß er groß gewesen;
Dann denkt mein Geist voll Gram und Pein:
Ach! so kein Autor kanst du seyn.

Wenn junge Herren die nichts denken,
Mir ihren ganzen Beifall schenken,
Und immer, artig, artig, schrein;
Da mag ich doch kein Autor seyn.
Doch wenn mich kluge Mädgen preisen
Und meine Schriften rührend heisen;
Da nimmt mich schnell die Schreibsucht ein,
Da möcht ich gleich ein Autor seyn.

= = = c."

Wir kehren nach dieser Abschweifung wieder zu dem Freundeskreise zurück. Die drei Freunde Goethe, Moors und Riese werden wahrscheinlich um die gleiche Zeit, anfangs Oktober, ihre Vaterstadt verlassen haben, und Horn, der nun allein in Frankfurt verblieb, scheint mit allen dreien fleißig Briefe gewechselt zu haben, wie diese selbst auch unter sich in Verkehr standen. Leider ist uns von diesem Briefwechsel der vier Freunde, außer einigen Briefen Goethes an Riese, nichts erhalten geblieben. Die Briefe Horns an Goethe sind wohl von diesem schon früher vernichtet worden, als seine eigenen an Horn, die seinerzeit nach Horns Tode von Riese erworben wurden und nach dessen Ableben durch Vermittelung des Geheimrates von Willemer an den Briefschreiber zurückgingen. Goethe hat, wie er am 3. Januar 1828 an Willemer schrieb, sie alle dem Feuer überliefert; die Briefe aus Leipzig wären durchaus ohne Trost gewesen, der Anblick der uralten redlich aufgehobenen Briefe könnte nicht erfreulich sein,

die eigenhändigen Blätter hätten nur allzu deutlich aus=
gedrückt, in welchen sittlich=kümmerlichen Beschränktheiten
man die schönsten Jugendjahre verlebt hatte[1]). So sind
wir auf das wenige angewiesen, was aus den Briefen
Goethes an Riese und an seine Schwester ersichtlich ist.
Wir sehen nur daraus, daß Horn ebenso wie Riese in
ihren ersten Briefen dem Freunde mit dem förmlichen „Sie“
entgegentraten, worüber Goethe, wie er sich selber aus=
drückt, keifte[2]), und daß Horn von den drei Freunden
vielleicht am meisten mit ausführlichen Briefen bedacht
wurde. Dann kam die Zeit heran, die Horn in der
Abschieds=Rede und in der Abschieds=Ode mit den Worten
herbeiwünschte:

„Wenn ich nach Leipzig komme; denn werden wir o Freund!
Nach einer kurzen Trennung aufs neue dort vereint.
Dann werde ich vergnügt in Leipzigs schönen Auen,
Dich, werthgeschätzter Freund! mit größrer Freude schauen.“

    „Denn nach kurzen Zeiten,
    Werden wir, o Freuden!
    Froh uns wieder sehn.
    Schnell wird diese Zeit vergehn.
    Bis in Leipzigs schönen Auen
    Wir uns frölich schauen.“

Horn traf nach Ostern 1766 zur Zeit der Messe in
Leipzig ein und mit ihm zugleich der um 20 Jahre ältere

---

1) Allgemeine Monatsschrift für Wissenschaft und Literatur, Braun=
schweig 1851, Jahn, Goethe in Leipzig, S. 6 und Jahn, Goethes Briefe
an Leipziger Freunde. 2. Aufl. Leipzig 1867. S. 80/1. Man vgl. die
Stelle in dem Briefe Goethes an Riese vom 21. Oktober 1765. Goethes
Werke, Weimarer Ausgabe, IV, 1, S. 15: „Ich höre von Horn, daß ihr
euch ob absentiam puellarum forma elegantium beklagt. Laßt euch
von ihm das Urtheil sagen, das ich über euch fällete.“ — 2) Goethes
Werke, Weimarer Ausgabe, IV, 1, S. 16.

Frankfurter Advokat Dr. Johann Georg Schlosser, der später Goethes Schwager wurde und der sich damals auf der Reise nach Treptow befand, wo er die Stelle eines Geheimsekretärs bei dem Herzoge Friedrich Eugen von Württemberg angenommen hatte. Beide stiegen in dem kleinen, am Brühl gelegenen Gast= und Weinhause von Christian Gottlob Schönkopf ab, dessen Frau eine Frankfurterin war, weshalb zur Messe viele Frankfurter dort verkehrten.[1] Zu der Familie Schönkopf, die später für Goethe und Horn gewissermaßen den Mittelpunkt ihres Aufenthaltes in Leipzig bildete, gehörten noch eine zwanzigjährige Tochter Anna Katharina, Käthchen genannt, und ein zehnjähriger Sohn Adam Peter, das „Peterchen". Ob Horn während seiner ganzen Leipziger Studienzeit in diesem Hause wohnen blieb, wie Biedermann und Loeper, nach einer Stelle im Briefe Horns an die Familie Schönkopf vom 9. April 1769[2], annehmen, möchte ich bezweifeln, da sonst nirgends ein weiterer Hinweis darauf zu finden ist, und da auch nach Goethes Schilderung das kleine Haus für beständig keine Gäste aufnehmen konnte und die Frankfurter Messenzeits dort zu speisen und im Notfall auch wohl Quartier zu nehmen pflegten.[3] Wenn Horn in dem angeführten Briefe von sich und Dr. Kanne sagt: „So lange wir noch in Ihrem Hause wohnten, machten wir doch immer ein Stück der Familie aus", so kann er in seiner mitunter etwas absonderlichen Ausdrucksweise auch damit den täglichen Aufenthalt im Hause beim Mittag= und Abendtisch gemeint haben, den ja die beiden, Goethe

---

1) Dichtung und Wahrheit, Weimarer Ausgabe, Tl. 2, S. 83/84. — 2) Biedermann, Goethe und Leipzig. I, S. 220 und Dichtung und Wahrheit, Hempel=Ausgabe, Tl. 2, S. 281, Anm. 217d. — 3) Dichtung und Wahrheit, Weimarer Ausgabe, Tl. 2, S. 81.

und andere dort genommen hatten. Sicherlich hätte auch
Horn, wenn er ein Hausgenosse der Familie Schönkopf
gewesen wäre, in dem Briefe an Moors, wo er von der
Liebe Goethes zu Käthchen spricht, dies angedeutet und nicht
geschrieben: „Er kann zu gewissen Zeiten seine Geliebte
sehen und sprechen, ohne daß jemand deswegen den
geringsten Argwohn schöpft, und ich begleite ihn manchmal
zu ihr." Kurze Zeit nach seiner Ankunft mag es gewesen
sein, daß Horn am 28. April 1766 unter Nr. 21 als
akademischer Bürger aufgenommen und der polnischen
Nation zugeteilt wurde[1]), während sein Freund Goethe
bekanntlich der bayerischen Nation angehörte. Wohl am
gleichen Tage wird er seinem Freunde Riese von diesem
bedeutungsvollen Ereignisse berichtet haben, denn Goethe
schrieb demselben am 28. April, Horn, der fünf Kollegien
nehmen soll, wolle diesen Brief einschließen. Im näm=
lichen Briefe gibt auch Goethe, der nach seinen Freunden
und Mädchen geseufzt und sich ganz einsam und traurig
gefühlt hatte, seiner Freude darüber Ausdruck, daß Freund
Horn gekommen sei: „Aber wie froh bin ich, ganz froh.
Horn hat mich durch seine Ankunft einem Teil meiner
Schwermut entrissen. Er wundert sich, daß ich so ver=
ändert bin.

> Er sucht die Ursach zu ergründen,
> Denkt lächelnd nach, und sieht mir ins Gesicht.
> Doch wie kann er die Ursach finden,
> Ich weiß sie selbsten nicht."[2])

---

1) Weshalb Horn der polnischen Nation zugeteilt wurde, ist nicht
zu erklären. Über die aus der Gründungszeit der Universität (1409) her=
rührende, später nicht mehr zeitgemäße Einteilung in Nationen, die erst
1830 beseitigt wurde, siehe Biedermann, Goethe und Leipzig; I, S. 15. —
2) Goethes Werke, Weimarer Ausgabe, IV, 1. S. 45 und 46.

In der nächsten Zeit hören wir hierauf wenig von Horn. Einige Wochen später, am 11. Mai, schildert Goethe seiner Schwester seine wunderliche Seelenstimmung, aus der sich die beginnende Liebe zu Käthchen Schönkopf herausfühlen läßt, und fügt hinzu, Horn habe öfter die Ehre, ihn zu begleiten, er gehe dann allein mit ihm in die Gärten. [1] Es waren dies wahrscheinlich Apels Garten, die Kuchengärten und das Rosental, wohin auch die einsamen Spaziergänge zur „Bilderjagd" den jungen Dichter geführt hatten [2].

Wie es Horn dann in den ersten Monaten seiner Studentenzeit erging, hätten wir wohl aus seinen Briefen an Riese erfahren können, da aber diese nicht mehr vorhanden sind, so müssen wir uns mit dem begnügen, was er am 12. August an Ludwig Moors schrieb: [3]

Bester Freund,

Unser Briefwechsel geht seit dem ich hier bin sehr langsam. Ich weiß nicht was die Ursache ist. Nimm es mir nicht übel, daß ich so lange nicht geschrieben habe. Die Zeit ist mir jetzo edler wie in Frankfurth. Ich habe meine Stunden so eingerichtet daß ich sehr wenige frey habe; wenn ich also Briefe schreiben will so muß dieses nicht anders als Abends um 10 oder 11 geschehen. Demohngeachtet wäre es unbillig wenn ich meinen Freund vergessen wollte. — Ich bin dir vor deinen letzten Brief verbunden. Schreibe mir bald wieder du wirst mich unendlich erfreuen. Du weist daß ich dich hoch schätze, und daß mich nichts mehr erfreut, als wenn ich höre daß du wohl

---

1) Goethes Werke, Weimarer Ausgabe, IV, 1, S. 51. — 2) Dichtung und Wahrheit, Weimarer Ausgabe, Tl. 2, S. 102. — 3) Dieser Brief ist zwar von Jahn teilweise schon veröffentlicht worden, er soll aber wie alle späteren Briefe Horns hier ganz seinem Wortlaute nach aufgenommen werden.

und vergnügt bist. Was mich betrifft, so bin ich recht
wohl und vergnügt. Es gefällt mir hier alle Tage beßer.
Ich wünsche nichts mehr als das Vergnügen deiner Ge=
sellschaft. Ich glaube gewiß, daß wenn du nur 8 Tage
hier wärest, du würdest Göttingen auf ewig vergessen.
Wie vergnügt wollte ich seyn, wenn ich nur das Glück
hätte dich ein einzigmal hier zu umarmen. Doch ich werde
dich wohl leider nicht eher wieder als in unserm Vater=
lande zu sehen bekommen. Welch eine angenehme Aussicht
wenn ich an jene Zeiten gedenke! Wie vergnügt werden
wir seyn, wenn wir uns nach einer so langen Trennung
wieder mündlich dasjenige werden sagen können was wir
jetzo nur durch Briefe uns müßen zu erkennen geben!

Von unserm Goethe zu reden! — der ist immer noch der
stolze Phantast der er war als ich herkam. Wenn du ihn
nur sähst, du würdest entweder vor Zorn rasend werden,
oder vor Lachen bersten müssen. Ich kann gar nicht ein=
sehen wie sich ein Mensch so geschwind verändern kann.
Alle seine Sitten und sein ganzes jeziges Betragen sind
Himmel weit von seiner vorigen Aufführung unterschieden.
Er ist bey seinem Stoltze auch ein Stutzer und alle seine
Kleider, so schön sie auch sind, sind von so einem närrischen
Gout der ihn auf der gantzen Academie auszeichnet. Doch
dieses ist ihm alles einerley, man mag ihm seine Thorheit
vorhalten so viel man will.

Man mag Amphion seyn und Feld und Wald bezwingen,
Nur keinen Goethe nicht kann man zur Klugheit bringen [1]).

---

1) Loeper hielt „die für Goethe und Horn charakteristischen Alexan=
driner" für ein Original von Horn (Dichtung und Wahrheit, Hempel=
Ausgabe, Tl. 2, S. 252, Anm. 181), sie sind aber nur eine Umwandlung
von Gellerts Versen:

Sein ganzes Dichten und Trachten ist nur, seiner gnädigen Fräulein und sich selbst zu gefallen. Er macht sich in allen Gesellschaften mehr lächerlich als angenehm. Er hat sich, /: bloß weil es die Fräulein gern sieht :/ solche portemains und Gebehrden angewöhnt bey welchen man unmöglich das Lachen enthalten kan. Einen Gang hat er angenommen der gantz unerträglich ist. Wenn du es nur sähest!

il marche à pas comtés,
Comme un Recteur suivi des quatres Facultés.

Sein Umgang wird mir alle Tage unerträglicher; und Er sucht auch denselbigen wo er kann zu vermeiden. Ich bin ihm zu schlecht daß er mit mir über die Straße gehen sollte. Was würde der König von Holland sagen, wenn er ihn in dieser Positur sähe?[1] Schreibe doch bald wieder einmal an ihn und sage ihm die Meinung. Er bleibt sonst samt seiner gnädigen Fräulein närrisch. Wenn mich

---

„Man mag Amphion sein und Fels und Wald bewegen,
Deswegen kann man doch nicht Bauern widerlegen"
aus: „Die Bauern und der Amtmann", in dessen Fabeln und Erzählungen II. Buch.

1) Scheint eine in Goethes Freundeskreise sehr beliebte Redensart gewesen zu sein, er selbst wendet sie in Briefen an seine Schwester zweimal an, am 12. Oktober 1765: „Was würde der König von Holland sagen, wenn er mich in dieser Positur sehen sollte? rief Hr. von Bramarbas aus" (Vgl. Goethe-Jahrbuch, VII. Bd., 1886, S. 5 und Goethes Werke, Weimarer Ausgabe, IV, 1, S. 8) und dann ein Jahr später, am 12. Oktober 1766: „What would the king of Holland say?" (Vgl. Goethe-Jahrbuch, VII. Bd., 1886, S. 44 und Goethes Werke, Weimarer Ausgabe, IV, 1, S. 74). Die Redensart stammt aus des dänischen Dichters Ludwig von Holberg Lustspiel: „Bramarbas oder der großsprecherische Offizier", 3. Aufzug, 6. Auftritt: „Ach! wenn der König von Holland mich in dieser Positur sehen sollte." Vgl. Goethe-Jahrbuch, VII. Bd. 1886, S. 125.

nur der Himmel so lange ich hier bin vor einem Mädgen
bewahrt, denn das hiesige Weibsvolk ist ganz des Teufels.
Göthe ist nicht der erste der seiner Dulcinea zu gefallen
ein Narr ist. Ich wünschte nur daß du Sie ein einzig=
mal sähest, sie ist die abgeschmackste Creatur von der Welt.
Eine mine coquette avec un air hautaine ist alles womit
sie Goethen bezaubert hat. Lieber Freund ich wäre hier
noch einmal so vergnügt wenn nur Goethe noch so wäre
wie in Frankfurth. So gute Freunde wir auch sonst
waren, so vertragen wir uns jetzo kaum[1] ¼ Stunde.
Doch mit der Zeit hoffe ich ihn noch zu belehren. Ob es
schon schwer ist einen Narren klug zu machen, doch ich
will alles mögliche dran wagen.

> Ach fruchtete diß mein bemühen!
> Ach könnt ich meinen Zweck erreichen!
> Ich wollt nicht Luther, nicht Calvin,
> Noch einem der Bekehrer weichen. —

Du kannst ihm nur alles wieder schreiben was ich dir hier
erzählt habe. Es ist mir recht lieb wenn du es thust. Es
ist mir weder an seinem noch an der gnädigen Fräulein
Zorne etwas gelegen. Denn Er wird doch nicht so leicht
bös auf mich; wann wir uns auch gezankt haben, so läßt
er mich doch den andern Tag wieder zu sich rufen. —
Soviel von Ihm, künftig mehr. — Ehe ich schließe habe
ich noch eine Bitte an Dich, und die besteht darinnen bey
deinem H. Bruder meinetwegen eine Fürbitte einzulegen,
welchen ich theils aus unbedacht und theils aus übereilung
erzürnt zu haben glaube. Er bath mich letzthin in einem
seiner Briefe, daß ich Ihn ins Künftige auf der Adresse
Etudians en belles lettres nennen sollte. Ich hatte vorher

------

1) oder „keine“?

nur auf meinem Briefe Etudians, chés mß. son Père ge=
schrieben. So bald ich aber seinen Brief erhielt, war ich
willig seinen Befehl zu gehorsamen. — Höre nur womit ich
Ihn erzürnt habe. — Vor einigen Wochen schrieb ich an
H. Antheß [1] und schlug ein kleines französisches Billetgen
an deinen H. Bruder mit hinein. Das billetgen an und
vor sich ein wenig komisch, denn ich bin selbigen Tags
sehr aufgeräumt gewesen und stellte mir nicht vor, daß er
meine Narrheit vor Ernst ansehen würde. Auf dieses
billetgen hatte ich nun eine närrische deutsche Adresse ge=
setzt deren ich mich nicht ganz mehr erinnere. So viel
weiß ich daß sie anfing: dießer Brief komme zu
Handen pp. Ich schwöre dir auf meine Seele daß ich
es aus Narrensposſen gethan habe, und ich hatte es auch
völlig wieder vergessen daß er mir befohlen ihn Etudians
en b. lettres zu heißen. Darüber ist er nun böse und hat
mir diese Woche einen französischen Brief geschrieben
woraus ich sehe daß er sehr auf mich muß erzürnt seyn.
Ich will ihm denselbigen ehestens mit aller möglichen be=
scheidenheit und Entschuldigung beantworten. Allein ich
bitte dich wenn du außerdem an ihn schreibst, meinetwegen
eine fürbitte einzulegen daß er wieder gut wird. Schreibe
ihm nur, daß es gar nicht meine Absicht war ihn zu er=
zürnen sondern zu belustigen. Was mich aber am meisten
ärgert, ist daß er meine Comischen Einfälle vor Moquerie
muß gehalten haben. Denn ich kann es ein wenig aus
seinem Brief schließen. Nehme meine Freiheit nicht übel.
Es wäre mir leid wenn diese Narrensposſen sollte Gelegen=
heit zu einem Zanke zwischen uns beyden gegeben haben.
Ins künftige werde ich mich mehr in Acht nehmen. —

[1] Nicht bekannt.

Schreibe du mir bald wieder, ich bitte recht sehr lebe wohl
und vergeße nicht

Deinen

Horn.

Leipzig d. 12ten August
    1766.

    Goethe empfielt sich dir. Er schriebe gern an dich,
wenn er nur nicht befürchtete, er möchte morh=
gends mit dinten beklecktten Händen zur gnädigen
Fräulein kommen. wie närrisch sind wir doch wenn
wir verliebt sind! —

    Wir sehen aus diesem Briefe, daß Horn nicht mehr so
schreibluftig war, wie in Frankfurt, weil für ihn die Zeit
edler wäre. Das gesellige Leben im Schönkopfschen Hause
mit den vielen neuen Bekannten, die er dort traf, und
sein Studium, das er dabei nicht vergessen zu haben scheint,
mögen die abwesenden Freunde in den Hintergrund ge=
drängt haben. Die lustige Person, wie sie uns Goethe
schilderte, läßt sich aus diesem Briefe nicht erkennen. Nach
dem etwas gezwungenen Eingange kommt dann der ganze
Ärger über das veränderte Wesen Goethes, der für die
alten Freunde verloren zu sein scheine, zum Ausdruck.
Um so freudiger schildert er dann im nächsten Briefe, am
3. Oktober, daß Goethe ihnen als Freund erhalten ge=
blieben sei:

Meine Geliebte Seele!

    Du bists! ja du bist der beste, der vortreflichste unter
denen die ich kenne; denn du bist unveränderlich in deinem
vornehmen und unwandelbar in deiner freundschaft. Ich
habe dich immer geliebt, da ich dich nur noch als einen
guten Bekannten von mir kannte, allein jeze, da ich sehe
daß du mein Freund bist, daß du dich durch diesen süßen

24

Gedanken bis zur Entzückung hinreißen läßest, da ich sehe
daß das Feuer deiner Liebe nicht durch seine allzugroße
Stärke verzehrt wird, so kan ich nicht umhin dich zu versichern, daß ich ewig dein Freund seyn werde. Ja ewig!
denn ewig ist
die freundschaft, ist hier nur in ihrer Kindheit.

Aber lieber Moors! welche Freude wird dir es seyn, wenn
ich dir berichte daß wir an unserm Goethe keinen Freund
verlohren haben, wie wir es fälschlich geglaubt. Er hatte
sich verstellt, daß er nicht allein mich sondern noch mehrere
Leute betrog, und mir niemals den eigentlichen Grund der
Sache entdeckt haben würde wenn deine Briefe ihm nicht
den nahen verlust eines Freundes vorher verkündigt hätten.
Ich muß dir die ganze Sache, wie er mir sie selbst erzählt
hat, erzählen. Denn er hat mir es aufgetragen, um ihm
die Mühe die es ihm machen würde zu erspahren. — Er
liebt, es ist wahr, er hat es mir bekannt und wird es auch
dir bekennen; allein seine Liebe, ob sie gleich immer traurig
ist, ist dennoch nicht strafbar, wie ich es sonst geglaubt.
Er liebt. Allein nicht jene Fräulein, mit der ich ihn im
verdacht hatte. Er liebt ein Mädgen das unter seinem
Stand ist, aber ein Mädgen das — ich glaube nicht zuviel zu sagen — das du selbst lieben würdest, wenn du
es sähest: Ich bin kein Liebhaber und also werde ich
ganz ohne Leidenschaft schreiben. Denke dir ein Frauenzimmer, wohlgewachsen, obgleich nicht sehr groß, ein rundes
freundliches, obgleich nicht außerordentlich schönes Gesicht,
eine offne sanfte einnehmende Mine, viele Freimüthigkeit
ohne Coquetterie, einen sehr artigen Verstand ohne die
größte Erziehung gehabt zu haben. Er liebt sie sehr
zärtlich, mit den vollkommen redlichen Absichten eines

tugendhaften Menschen, ob er gleich weiß daß sie nie seine
Frau werden kann. Ob sie ihn wieder liebt weiß ich nicht.
Du weißt lieber Moors! das ist seine Sache nach der sich
nicht gut fragen läßt, so viel aber kann ich Dir sagen,
daß sie für einander gebohren zu seyn scheinen. Merke
nun seine List! Damit niemand ihn wegen einer solchen
Liebe im verdacht haben mögte, nimmt er vor, die
Welt grad das Gegentheil zu bereden, welches ihm bisher
außerordentlich geglückt ist. Er macht Staat und scheint
einer gewißen Fräulein von der ich dir erzählt habe die
Cur zu machen. Er kann zu gewißen Zeiten seine Geliebte sehen und sprechen ohne daß jemand deswegen den
geringsten Argwohn schöpft, und ich begleite Ihn manchmal zu ihr, Wenn Goethe nicht mein Freund wäre ich
verliebte mich selbst in Sie. Mitlerweile hält man ihn
nun in die Fräulein ¹), doch was brauchst du ihren Namen
zu wißen, verliebt, und man vexirt ihn wohl gar in
Gesellschaft deswegen. Vielleicht glaubt sie selbst daß er
sie liebt, aber die gute Fräulein betrügt sich. Er hat mich
seit der Zeit einer näheren vertraulichkeit gewürdigt, mir
seine Oeconomie entdeckt und gezeigt daß der Aufwand
den er macht nicht so groß ist wie man glauben sollte.
Er ist mehr Philosoph und mehr Moralist als jemals,
und so unschuldig seine Liebe ist, so mißbilligt er sie
dennoch, wir streiten sehr oft darüber, aber er mag eine
Parthey nehmen welche er will, so gewinnt er; denn du
weißt was er auch nur scheinbaren Gründen für ein
Gewicht geben kann. Ich bedaure ihn und sein Gutes
Herz, das würklich in einem sehr mißlichen Zustande sich
befinden muß da er das Tugendhafteste und vollkommenste

---

1) Hier ist ein Name, scheinbar nur der Anfang, drei nicht mehr
lesbare Buchstaben, dick mit Tinte durchstrichen.

Mädgen ohne Hoffnung liebt. Und wenn wir annehmen
daß Sie ihn wieder liebt, wie elend muß er erst da seyn?
Ich brauche dir das nicht zu erklären, da du das mensch=
liche Herz so gut kennest. Genug von dieser Sache. Er
wird noch eines und das andre davon selbst an dich
schreiben, wie er mir gesagt hat. Ich hab nicht nöthig
dir das Stillschweigen hierbei zu empfelen, da du selbst
siehst wie nöthig es ist.

Neues giebt es hier nichts sonderliches. Ich will dich
auch nicht länger aufhalten. Schreibe uns bald wieder,
du wirst mich unendlich erfreuen, Es wäre unöthig wenn
ich wiederholte, wie sehr ich dich liebe und wie angenehm
mir deine Briefe sind. — lebe wohl, bester Moors würdige
mich ferner deiner Freundschaft und Liebe, und glaube
daß ich dagegen Lebenslang seyn werde

Dein

aufrichtiger Freund
Horn.

Leipzig d. 3. 8bro 1766.

Zwei Tage zuvor hatte sich auch Goethe endlich ent=
schlossen, seinem Freunde Moors das Geheimnis seiner Liebe
zu Käthchen Schönkopf zu offenbaren, obgleich Horn, wie er
annahm, dies bereits getan habe[1]). Und damit ist der
Briefwechsel der beiden Freunde mit Moors abgeschlossen[2]),

---

1) Goethes Werke, Weimarer Ausgabe, IV, 1, S. 60—61. — 2) Außer
den beiden abgedruckten Briefen, die Jahn schon teilweise benützt hat
(Allgemeine Monatsschrift für Wissenschaft und Literatur, Braunschweig
1854, S. 1—8, ferner in Goethes Briefen an Leipziger Freunde, 2. Aufl.,
S. 63—65, 66—68) und die sich jetzt im Besitze des Freien Deutschen
Hochstiftes in Frankfurt a. M. befinden, sind keine weiteren Briefe von
Moors bekannt.

sei es, daß uns weitere Briefe nicht erhalten blieben, oder daß Moors die Sache nicht so aufnahm, wie sie erwartet hatten.

Möglicherweise stand die fast gleichzeitige Mitteilung mit der kurz vorher erfolgten Begegnung Goethes und Horns mit ihrem Landsmann und Altersgenossen Fritz Hofmann in irgend einer Beziehung. Dieser, der am 26. Oktober 1749 getaufte Sohn des Stadtschreibers Dr. jur. Friedrich Reinhard Hofmann (oder Hoffmann, wie damals der Name meistens geschrieben wurde), war Kaufmann und befand sich während der Herbstmesse in Leipzig auf der Durchreise nach Berlin zu seinem Oheim Jakob Lang [1], als er unversehens auf seine beiden Jugendgenossen stieß. Goethe hat dieses Zusammentreffen seiner Schwester in ergötzlicher Weise geschildert: [2] „Fritze Hofmann war mir diese Meße eine unerwartete Erscheinung. Wir gingen an Langens Gewölbe vorbey. als auf einmahl eine fette und ziemlich kernhaffte Figur die aber zugleich etwas düttig aussah auf uns zu kam. Sie wendete sich zu Hornen, ich besah sie mit Verwunderung, erkannte endlich einige Züge, und rief überlaut aus: Fritze! bist du's. — Er hielt sich nicht lange hier auf, und wir konnten also die einem Landsmanne gebürende Ehrenbezeigungen nicht beobachten, ob wir ihn gleich einmal

---

1) Nach Mitteilung des Herrn Archivdirektors Dr. R. Jung in Frankfurt war der im Goethe-Jahrbuch VII, 1886, S. 135 erwähnte Stadtschreiber Christian Sigismund Hofmann nicht der Vater, sondern der Großvater des am 26. Oktober 1749 getauften Johann Friedrich H. Der Vater Dr. jur. Friedrich Reinhard H. war 1721 geboren, wurde am 25. November 1744 Advokat und folgte seinem Vater als Stadtschreiber am 17. März 1763. Dessen Schwester Anna Rosina, getauft 18. Juni 1730, heiratete am 29. April 1760 den verwitweten Handelsmann Jakob Lang (nicht Lange) in Berlin. — 2) Goethes Werke, Weimarer Ausgabe, IV, 1, S. 80 und 81.

Abends mit zu Tische nahmen, wo er aber niemanden
ansah, nichts redete, und also von einigen aus der Gesell=
schafft, für einen Philosophen, von andern, für einen Schöps
gehalten wurde. Er wird in Berlin schon zugestutzt werden,
und ich befürchte, vielleicht nur zu sehr, denn ich glaube
es ist jetzo in ganz Europa kein so gottloser Ort als die
Residenz des Königs in Preusen.“ Seine Befürchtung
scheint nicht eingetroffen zu sein, denn als Fritz Hofmann
elf Jahre später mit der Tochter des Pfarrers Johann
Jakob Starck, der Nichte von Frau Rat Goethe, verlobt
war, schrieb diese an die Herzogin Anna Amalia: „dem
Pfarrer Starck sein Käthgen heurathet den dummen Buben
Fritz Hoffmann“ 1).

Um dieselbe Zeit, zu der Moors in das dahin tief behütete
Geheimnis eingeweiht wurde, scheint auch Horn es für
angemessen gefunden zu haben, trotz seiner Neigung zu
einer sehr jugendlichen Frankfurterin, sein Herz an eine
Leipzigerin zu verlieren. Goethe schreibt hierüber am
13. Oktober an seine Schwester: „Ecris moi un peu com=
ment Mlle Sarasin se comporte. Horn est toujours
amoureux d’elle, de sorte qu’il s’est mis en tete, d’aimer
une fille içi, qui lui resemble beaucoup 2).“

Mlle Sarasin war die am 25. Juni 1753 geborene Tochter
Johanna Philippine des auf dem Römerberg wohnenden
Gold= und Silberhändlers Alexander Sarasin=Leerse 3).

1) Die Briefe der Frau Rath Goethe, hrsg. von A. Köster I, S. 31. —
2) Goethes Werke, Weimarer Ausgabe, IV, 1, S. 76. — 3) Über die
aus Genf stammende Familie vgl. Dietz, Frankfurter Bürgerbuch. Frank=
furt 1897, S. 78. Johanna Philippine S. war nicht, wie im Goethe=
Jahrbuch, VII. Bd., 1886, S. 134—135 berichtet ist, die Tochter der
Frau Emilie Sarasin geb. du Bosc aus Leipzig, der Witwe des Joh.
Georg (nicht Alexander) S., sondern deren Schwägerin. Johann Georg S.
(verm. 1761, gest. 1769) war ein Bruder von Johanna Philippine, ebenso

Die Liebe des sechzehnjährigen Gymnasiasten zu dem zwölf=
jährigen Mädchen, die in zwei Oden an die Phillis aus=
gesprochen ist [1]), kommt uns um so wunderlicher vor, als
Goethe in einem späteren Briefe an seine Schwester, die
nicht reinen Mund gehalten und ihm dies selbst mitgeteilt
hatte, mit hoher sittlicher Entrüstung sich über diese
Klatscherei ausläßt, als wenn dadurch seine Freundschaft
mit Horn hätte zerstört werden können. Er schreibt näm=
lich am 11. Mai 1767[2]): „Eine von deinen Handlungen,
meine lang gelobte Schwester, die ich schelten muß, ist
deine Indiscretion in der Sache von Hornen. Ich schreibe
dir, daß er eben so gar betrübt über den Verlust der
Sarasin nicht sey, und im Scherz füge ich dazu, daß er
hier schon Gelegenheit hätte sich seines Schadens zu er=
holen. Dieses nimmst du im ganzen Ernste auf, doch das
hätte ich dir verziehen; allein alsdenn gehst du hin, und
erzählst es, nicht etwa einer verschwiegenen Freundinn,
sondern einem närrischen eingebildeten, plauderhafften
Mädgen, die sich eine Pflicht daraus machen wird, es in
der Stadt herumzutragen; und noch dazu erzälst du es
ihr so ernstlich daß Sie sogar den Nahmen wissen will.
Nein gute Schwester, du must mir verzeihen, wenn ich dich
versichre daß das sehr unvernünftig war, und daß ich in
dem Augenblicke meine kluge Schwester nicht kenne. Ich
halte nichts höher als die Freundschafft, und wenn nun
andre Leute die Sache so ernsthafft aufnähmen wie du

wie der S. 135 genannte Jakob Friedrich, der am 24. Mai 1765 Bürger
wurde. Johanna Philippine heiratete i. J. 1773 den Handelsmann
Johann Nikolaus Manskopf und ist die Ahnfrau aller heute noch lebenden
Manskopfs in Frankfurt a. M., sie starb 1797. (Mitteilung des Herrn
Archivdirektors Dr. Jung in Frankfurt).

1) Seite 121 und 156 der „Jugendliche Ausarbeitungen". —
2) Goethes Werke, Weimarer Ausgabe, IV, 1, S. 87 und 88.

und man ihm deßwegen Vorwürfe machte, wer wäre wohl
an dem Unheil Schuld als ich. Ihr guten Mädgen, wir
sind klüger als ihr denckt, wir leben hier in der ange=
nehmsten Freiheit, und müsten Tohren seyn wenn wir uns
euch unterwürfen, denn es ist keine Sclaverey beschwer=
licher als euch zu dienen. Werde nicht böse daß ich ge=
kissen habe, du bist selbst schuld daran.“

Horn scheint, trotzdem er noch keine zwei Jahre vorher
die Verse niedergeschrieben hatte:

> „Eh wird der Moder mich zerfressen,
> Als ich dich, schönstes Kind! vergessen;
> Uns trenne nichts, als nur der Tod!“[1]

doch diese jugendliche Schwärmerei vergessen zu haben,
und sein Herz wurde, wie wir noch sehen werden, ganz
von der seiner ersten Liebe gleichenden Leipzigerin einge=
nommen. Es war dies Sophie Constantie, die Tochter des
als Förderer und gelehrten Geschichtsschreiber der Buch=
druckerkunst, sowie als Begründer des Musikalienhandels
rühmlichst bekannten Buchdruckers und Verlegers Gottlob
Immanuel Breitkopf[2]. Mit ihren beiden Brüdern Bern=

---

1) Jugendliche Ausarbeitungen, S. 122. — 2) Der Gründer des
Hauses Bernhard Christoph Breitkopf berichtete über die Geburt und
Taufe dieser seiner Enkelin in seinem Tagebuche: „Den 7. Februar 1748
gab Gott, Abends um 8 Uhr meiner Schwiegertochter und Sohn das
erste Kind, ein Töchterlein, welches andern Tages in der St. Nicolai-
Kirche vermittelst seiner 3 Großeltern (der Großvater mütterlicher Seite
war 3 Monate vorher sel. verstorben), die hl. Taufe und zugleich die
Nahmen Theodora Sophie Constantie empfing.“ (Mitteilung des Herrn
Geh. Hofrates Dr. Oscar von Hase in Leipzig.) Constantie heiratete am
24. Januar 1774 den Dr. med. Karl Joseph Oehme, Arzt in Dresden,
und starb am 8. Oktober 1818 in Leipzig. In ihren späteren Lebensjahren
trat sie als Schriftstellerin und Dichterin an die Öffentlichkeit. Siehe:
Schindel, die deutschen Schriftstellerinnen des neunzehnten Jahrhunderts,

hard Theodor und Christoph Gottlob, die sich damals auch
auf der Universität befanden, waren Goethe und Horn
befreundet, und ersterer war ein von der Familie gern
gesehener Gast[1]. Daß auch Horn bei Breitkopfs ver=
kehrt haben muß, läßt die zarte Neigung zu der Tochter
des Hauses schließen.

Wie die beiden Brüder sich als hervorragende Musikdilet=
tanten auszeichneten, von dem älteren wurden bekanntlich
zuerst Lieder Goethes in Musik gesetzt, so hatte die Schwester
„schrecklich viel gelesen“, weshalb der junge Goethe an ihr
trotz ihres lebhaften Wesens keinen rechten Gefallen finden
konnte. In Briefen an seine Schwester äußert er sich über
sie: „Mdlle Breitkopf, elevée parmi les livres, a lu beaucoup, et s'en vante peu. Son genie vif, guidé par cette
lecture produit des tres jolies choses, mais on y remarque
trop l'air etudié, faute de ce stile simple que j'admire en
toi. Je l'aime bien, a cause de la franchise de ses façons.
Elle a bien de bonté envers mois, je la vois rarement,
mais c'est dans sa compagnie que je trouve un plaisir
infini[2].“ Einige Monate später schreibt er, nachdem er
seiner Schwester so gute Lehren gegeben hatte, daß sie,
wenn sie diese befolge, in einem kleinen Jahre das ver=
nünftigste, artigste, angenehmste, liebenswürdigste Mädchen

Teil 2, Leipzig 1825, S. 68—69, wo der 14. Januar 1745 unrichtiger=
weise als ihr Geburtstag angegeben ist. Ihr Vater Joh. Gottlob
Immanuel B. wurde am 25. Sept. 1746 mit Maria Friederike Constantia
Brix getraut. Vgl. auch: Oscar Hase, Breitkopf und Härtel, Buchdrucker,
Buch= und Musikalienhändler in Leipzig. (Leipzig 1883), und Jahn,
Goethes Briefe an Leipziger Freunde, 2. Aufl., S. 115 und Biedermann,
Goethe und Leipzig. I, S. 207/8. Jahn und Biedermann geben als
Todesjahr Constanties 1819 an.

1) Goethes Werke, Weimarer Ausgabe, IV, 1, S. 116. — 2) Ebenda.
S. 84 und 85.

nicht nur in Frankfurt, sondern im ganzen Reiche sein
würde: „Mittlerweile hofmeistre ich hier an meinem Mäd=
gen, und mache allerhand Versuche, manchmal geräths
manchmal nicht. Die Mdll. Breitkopf habe ich fast ganz
aufgegeben, sie hat zu viel gelesen und da ist Hopfen und
Malz verlohren [1])." Horn scheint dies nicht gefunden zu
haben, denn die heimliche Liebe zu Constantie, von der
Eltern und Brüder nichts wußten, wohl aber das mit
Constantie befreundete Käthchen, war eine so innige, daß
sie sogar die Studentenjahre überdauerte.

Dies hinderte Horn aber nicht, so wie früher in Frank=
furt auch jetzt noch im Freundeskreise als lustige Person
aufzutreten und auch wieder einmal zu dichten. Veran=
lassung dazu gab der Professor Christian August Clodius,
dem Goethe in den Übungen im Stil ein Hochzeitsgedicht
für seinen Oheim, den Frankfurter Advokaten Dr. jur.
Johann Jost Textor, vorgelegt und darüber ein sehr un=
günstiges Urteil erhalten hatte. Da aber Clodius selbst
als Dichter sehr schwach war und durch schwülstiges und
hohles Wortgeklingel zu wirken suchte, ihm aber trotzdem
gewöhnlich die Gedichte bei feierlichen Gelegenheiten über=
tragen wurden, und er dann höchlich gelobt ward, so
konnte es Goethe sich nicht versagen, mit Zuhilfenahme
von dessen mit Vorliebe benützten Kraft= und Machtworten
ihn in einem Gedichte zu verspotten [2]). Der unschuldige
Kuchenbäcker Hendel [3]), dessen Verdienst darin bestand, den
Freunden die trefflichsten Kuchen vorgesetzt zu haben, mußte
die auf Clodius gemünzten Verse über sich ergehen lassen:

<hr>

1) Goethes Werke, Weimarer Ausgabe, IV, 1, S. 110. — 2) Dichtung
und Wahrheit, Weimarer Ausgabe, Tl. 2, S. 139—141. — 3) Samuel
Hendel in Reudnitz. Vgl. Biedermann, Goethe und Leipzig. I, S. 82
und Wustmann, Aus Leipzigs Vergangenheit. Leipzig 1885, S. 296.

„O Hendel, dessen Ruhm vom Süd zum Norden reicht,
Vernimm den Päan, der zu deinen Ohren steigt!
Du bäckst, was Gallier und Britten emsig suchen,
Mit schöpfrischem Genie, originelle Kuchen.
Des Kaffees Ocean, der sich vor dir ergießt,
Ist süßer als der Saft, der vom Hymettus fließt.
Dein Haus, ein Monument, wie wir den Künsten lohnen,
Umhangen mit Trophä'n, erzählt den Nationen:
Auch ohne Diadem fand Hendel hier sein Glück,
Und raubte dem Cothurn gar manch Achtgroschenstück.
Glänzt deine Urn' dereinst in majestät'schem Pompe,
Dann weint der Patriot an deiner Katakombe.
Doch leb'! dein Torus sei von edler Brut ein Nest,
Steh' hoch wie der Olymp, wie der Parnassus fest!
Kein Phalanx Griechenlands mit römischen Ballisten
Vermög' Germanien und Hendeln zu verwüsten,
Dein Wohl ist unser Stolz, dein Leiden unser Schmerz,
Und Hendels Tempel ist der Musensöhne Herz.“

Dieses Gedicht stand lange Zeit, wie Goethe erzählt[1]),
unbemerkt unter vielen anderen, mit Bleistift an eine
Wand des Hauses angeschrieben und war ganz und gar
über anderen Dingen vergessen worden. Geraume Zeit
hernach trat Clodius mit seinem ersten Bühnenstücke:
„Medon“ hervor[2]), dessen Weisheit, Großmut und Tugend
die Freunde unendlich lächerlich fanden, so sehr auch die
erste Vorstellung des Stückes beklatscht wurde. Goethe

---

1) Dichtung und Wahrheit, Weimarer Ausgabe, Tl. II, S. 141/142
und Goethe-Jahrbuch VIII, S. 225—227. — 2) „Medon oder die Rache
des Weisen“ wurde zum ersten Male i. J. 1767, und zwar wahrscheinlich
im Herbste, aufgeführt. Nach dreimaliger Aufführung erschien er in demselben Jahre im dritten Stücke von Clodius Versuchen aus der Literatur
und Moral. Vgl. Dichtung und Wahrheit, Hempel-Ausgabe, Tl. 2,
S. 309/10, Anm. 249 und 250.

machte gleich abends, als sie bei Schönkopf zusammen
kamen, einen Prolog in Knittelversen, wo Arlekin mit
zwei großen Säcken auftritt, sie an beide Seiten des Pro-
szeniums stellt und nach verschiedenen vorläufigen Späßen
den Zuschauern vertraut, daß in den beiden Säcken mo-
ralisch-ästhetischer Sand befindlich sei, den ihnen die Schau-
spieler sehr häufig in die Augen werfen würden. Der
eine sei nämlich mit Wohltaten gefüllt, die nichts kosteten,
und der andere mit prächtig ausgedrückten Gesinnungen,
die nichts hinter sich hätten. Er entfernte sich ungern
und kam einigemal wieder, ermahnte die Zuschauer ernstlich, sich an seine Warnung zu kehren und die Augen zu-
zumachen, erinnerte sie, wie er immer ihr Freund gewesen
und es gut mit ihnen gemeint, und was dergleichen Dinge
mehr waren. Goethe berichtet dann weiter: „Dieser Prolog wurde auf der Stelle von Freund Horn im Zimmer
gespielt; doch blieb der Spaß ganz unter uns, es ward
nicht einmal eine Abschrift genommen, und das Papier
verlor sich bald. Horn jedoch, der den Arlekin ganz
artig vorgestellt hatte, ließ sich's einfallen, mein Gedicht an Händel um mehrere Verse zu erweitern und es
zunächst auf den „Medon“ zu beziehen. Er las es uns vor,
und wir konnten keine Freude daran haben, weil wir die
Zusätze nicht eben geistreich fanden, und das erste, in einem
ganz anderen Sinn geschriebene Gedicht uns entstellt vor-
kam. Der Freund, unzufrieden über unsere Gleichgiltig-
keit, ja unseren Tadel, mochte es Anderen vorgezeigt haben,
die es neu und lustig fanden. Nun machte man Abschriften
davon, denen der Ruf des Clodius'schen Medon's sogleich
eine schnelle Publizität verschaffte. Allgemeine Mißbilligung
erfolgte hierauf, und die Urheber (man hatte bald erfahren,
daß es aus unserer Clique hervorgegangen war) wurden

höchlich getadelt; denn seit Cronegk's und Rost's Angriffen
auf Gottsched war dergleichen nicht wieder vorgekommen[1])."

Das von Horn erweiterte Gedicht, als dessen Verfasser
Goethe galt, fand sogar einige Jahre später Aufnahme
in der Vorrede zu Johann Christoph Rosts Gedichten[2]).

[1]) Dichtung und Wahrheit, Hempel-Ausgabe, Tl. 2, S. 84 u. S. 309,
Anm. 250. — [2]) Im Jahre 1769 von Christoph Heinrich Schmid herausgegeben; hier hatte das Gedicht nachstehenden Wortlaut, nach welchem
es Jahn in „Goethes Briefe an Leipziger Freunde" 2. Aufl., S. 17—19
hat abdrucken lassen. Biedermann, Goethe und Leipzig. I, S. 146/7
scheint diesen Abdruck benützt zu haben.

O Händel! dessen Ruhm vom Süd zum Norden reicht,
Vernimm den Päan, der zu deinen Ohren steigt,
Du bäckst, was Gallier und Britten ämsig suchen,
Mit schöpfrischem Genie originelle Kuchen.
Des Kaffees Ocean, der sich vor dir ergießt,
Ist süsser als der Saft, der von dem Hybla fließt.
Dich ehrt die Nation, abwechselnd sanft in Moden,
Ihr Tribunal verbannt hin zu den Antipoden,
In trauriges Exil, den Kopf leer von Verstand
Der kein Elysium in deinen Garten fand.
Dein Haus ist ein Trophä von Spoljen unsrer Beutel,
Strahlt gleich kein Diadem dir um den hohen Scheitel,
Erhebt zu deinen Ruhm sich gleich kein Monument:
Auch ohne Purpur ehrt dich dennoch der Student —
Glänzt deine Urn dereinst in majestätschem Pompe,
Dann weint der Patriot an deiner Katakombe;
Wann dann ein Autor dich uns im Kothurne zeigt,
Und du Sentenzen sprichst, wird unser Herz erweicht.
Wär es dein Marmor gleich, so darfst du nur erscheinen,
Wie Medon uns erschien, und Myriaden weinen!
Doch leb! Dein Torus sey von edler Brut ein Nest,
Steh hoch, wie der Olymp, wie der Hymettus fest;
Kein Phalanx Griechenlands, nicht Römische Balisten
Vermögen je dein Glück, o Händel, zu verwüsten!
Dein Wohl ist unser Wohl, dein Leiden unser Schmerz
Und Händels Tempel ist der Musensöhne Herz!

Es hatte, nach einer gleichzeitigen Abschrift, folgenden Wort=
laut, der etwas von der gedruckten Fassung abweicht[1]):

„O Händel deßen Ruhm vom Süd zum Norden steiget
Vernimm den Päan der zu deinem Ohr sich neiget,
Du bäckst was Gallier und Britten emsig suchen
Mit schöpfrischem Genie! originelle Kuchen
Des Caffees Ocean, der sich vor dir ergießt
Ist süßer als der Saft der aus dem Hybla fließt
Dich ehrt die Nation abwechselnd sanft in Moden
Ihr Tribunal verbannt hin zu den Antipoden —
In trauriges Exil, den Kopf leer an Verstand
Der kein Elysium in deinen Garten fand.
Dein Hauß ist ein Trophaee von Spolien unsrer Beutel
Glänzt gleich kein Diadem dir um den hohen Scheitel
Erhebt zu deinen Ruhm sich gleich kein Monument
Auch ohne Purpur ehrt dich billig der Student
Glänzt deine Urn dereinst in majestätschem Pompe
Dann weint der Patriot an deiner Catacombe
Wann dann ein Autor dich uns im Cothurne zeigt
Und du Sentenzen sprichst; wird unser Herz erweicht
Und wär es Felsen gleich, so darfst du nur erscheinen
Wie Medon uns erschien; und Myriaden weinen.
Doch leb! dein Torus sey von edler Brut ein Nest,
Steh stolz wie der Olymp, wie der Hymettus fest
Kein Phalanx Griechenlands, nicht römische Balisten
Vermögen je dein Glück o Händel zu verwüsten.

---

1) Abgedruckt nach einer Handschrift in Hirzels Goethebibliothek
(B 471) in Studia Nicolaitana, Leipzig 1884, S. 110/1, in dem
Aufsatze „Goethes Leipziger Lieder in ältester Gestalt", herausgegeben
von Rudolf Kögel. Der Vorwurf, den der Herausgeber Jahn macht,
daß er das Gedicht nach Rosts vermischten Gedichten sehr fehlerhaft
mitgeteilt habe, trifft nicht zu, wie eine Vergleichung ergibt.

Dein Ruhm ist unser Ruhm, dein Leiden unser Schmerz
Und Handels (!) Tempel ist der Musensöhne Herz."

Die ganze Angelegenheit und die dadurch hervorgerufene
allgemeine Mißstimmung hatte aber noch die Folge, daß
Goethes Freund Behrisch, der noch mehr als Horn der
Vertraute seiner Liebe zu Käthchen Schönkopf gewesen zu
sein scheint, seine Stelle als Hofmeister des jungen Grafen
Lindenau aufgeben mußte [1].

Über Horns Leben im weiteren Verlauf seiner Studentenzeit sind wir wenig mehr unterrichtet. Aus den Briefen
Goethes an seine Schwester und an Behrisch, nachdem
dieser Leipzig am 13. Oktober 1767 verlassen und sich nach
Dessau begeben hatte, erfahren wir in kurzen Andeutungen,
daß Horn der alte anhängliche Freund blieb, der dem
launischen verliebten Goethe in Freud und Leid treu zur
Seite stand. Und als dieser im Juli oder August 1768
von einem Blutsturze befallen wurde, und sich ihm in den
darauffolgenden Wochen bis zu seiner Abreise von Leipzig,
an seinem 19. Geburtstage, die Neigung so vieler vor-
züglicher Männer zuwendete, konnte er auch seines Jugend-
freundes mit den Worten gedenken: „Hier war es auch,
wo Freund Horn seine Liebe und Aufmerksamkeit ununter-
brochen wirken ließ [2]."

Horn mag sich nach dem Weggange Goethes, dessen
geistige Überlegenheit ihn im Zaume gehalten zu haben
scheint, etwas freier gefühlt haben. Und so wird es zu
erklären sein, daß wir bald darauf in einer Leipziger Zeitschrift einige Gedichte mit H. unterzeichnet finden, als deren

---

1) Dichtung und Wahrheit, Weimarer Ausgabe, Bd. 2, S. 142—141
und Goethes Werke, Weimarer Ausgabe, IV, 1, S. 115. — 2) Dichtung
und Wahrheit, Weimarer Ausgabe, Tl. 2, S. 190.

Verfasser wir wohl Horn betrachten dürfen.[1] In der von
Joh. Jakob Ebert im Verlage bei Friedrich Gotthold Jaco-
bäer herausgegebenen literarisch-satirischen Wochenschrift
„Fidibus“ steht in Nr. XXXVII vom 23. September 1768,
Seite 187—190, folgendes Gedicht, das offenbar die Be-
ziehungen Goethes zu Käthchen Schönkopf zum Vorwurf hat:

„Das Glück der Liebe; einem Bräutigam gewidmet.

Nicht einen Deiner Braut, nicht einen Deiner Blicke
Durchs Lied, mein G**, zu entziehn,
Tritt die Bescheidenheit von fern, und sieht Dein Glücke,
Und danket dem, der Dirs verliehn.

Sanft, wie die Liebe selbst, wie Deine Braut, bescheiden
Solls Deinem Ohr vorübergehn;
Behutsam soll der West des Dichters stärkre Freuden
Dir lispelnd nur entgegen wehn:

So schlüpft Damöt durchs Thal, wenn er bey stillen Flüssen
Die braune Chloris schlummern sieht;
Er segnet ihre Ruh mit zugewinkten Küssen,
Winkt ihr den schönsten Traum, und flieht.

Wenn Philomele singt, und aus des Waldes Schatten
Die ganze Flur die Liebe lehrt;
Wenn sie den Gatten lockt, den hergesungnen Gatten
Drauf durch ein schmachtend Trillo ehrt;

Wenn Liebe, wenn Natur von jedem Zweige singet,
Und aus der zärtern Taube girrt,
Und aus dem nahen Wald die Antwort zu ihr dringet,
Und sie dadurch mehr zärtlich wird;

---

1) Den Hinweis darauf verdanke ich der freundlichen Mitteilung
des Herrn Dr. Anton Kippenberg in Leipzig.

Dann ist die Scene schön, und schön bis zum Entzücken,
Und werth, von uns bemerkt zu seyn.
Freund, schöner ist noch die, wann Menschen sich beglücken,
Wann Menschen sich der Liebe freun.

Ist Ein beseelt Geschöpf, das ie die sanften Triebe
Und ihren Umfang ganz empfand?¡
Nur in des Jünglings Herz gößst du die ganze Liebe,
Natur, mit mütterlicher Hand.

Ein nach des Jünglings Herz sich zärtlich sehnend Herze,
Ein Auge von Gesprächen voll
Gabst du den Mädchen nur, und lehrtst es junge Scherze,
Und wie's gelehrig küssen soll.

Es wird der Winterhayn, es werden Wüsteneyen
Ein Tempe nur um uns herum:
Und wird das rauhste Thal durch deine Zaubereyen,
O Liebe, zum Elysium.

Mehr an Erfindung reich, an wechselnden Vergnügen,
Als du, Natur, selbst bist, ist sie:
Abändernd, und voll Pracht, sehn wir dich vor uns liegen;
Doch o! so schöpfrisch bist du nie!

Welch Glück, geliebt zu seyn! — und dieses Glück zu
                                        wissen! —
Zu wissen, dieses Herz ist dein! —
Dir G**, wird dieß Glück! O! eil' es zu genießen:
Die Liebe ladet selbst Dich ein.

Du kömmst; und Deiner Braut nicht einen Blicke
Durch meine Lieder zu entziehn,
Tritt die Bescheidenheit von fern, sieht ganz Dein Glücke
Und blickt nach dem, der Dirs verliehn.

H.“

Dieses Gedicht dürfte ebenso wie das nun folgende,
das sich unmittelbar, auf Seite 190—192, daran anschließt,
noch während Goethes Aufenthalt in Leipzig entstanden sein.
Daß dieser darin mit dichterischer Freiheit als Bräutigam
bezeichnet ist, wird sich wohl mit der tiefen, innigen Neigung,
die ihn beseelte, in Einklang bringen lassen. Das nächste
Gedicht schlägt andere Töne an. Als ein sehr guter Tänzer
hat Horn seine Freude an einem schwäbischen Bauerntanz,
der sich auf irgend eine Weise nach Leipzig verirrt hatte,
gefunden und ihr mit folgenden Worten Ausdruck gegeben:

„Der schwäbische Tanz.

Ein Lied im Ton des Uzischen Liedes: O Traum, der mich
entzücket etc. etc.

O Tanz, schön zum Entzücken!

Den Jüngling zu beglücken,

Die Spröden zu bezwingen,

Und Greise zu verjüngen,

Hat Venus, sie, die dich erfand,

Vom Himmel auf die Welt gesandt!

Wie hör ich nicht die Saiten!

O! welche Flüchtigkeiten!

Welch zärtliches Verweilen

Und aus einander Eilen!

Bezaubernd fliegt die Tänzerinn

Vor dem ihr nahen Tänzer hin.

Sie eilt; er folgt den Schritten!

Sie flieht; er scheint zu bitten:

Und seht, indem sie fliehet.

Wie schön sie rückwärts siehet,

Und endlich mit Bequemlichkeit

Die weiße Hand zum Tanz ihm beut!

Er faßt sie, scherzt dann munter
Mit ihr den Saal herunter,
Schwenkt sich auf seiner Reise
Durch mehr als hundert Kraise,
Und ihr halb schalkhaft schiefer Blick,
Vermehrt des Tänzers Muth und Glück.

Des Mädchens Wange glühet
Schön, wie die Rose blühet:
Nach jeder kleinen Mine,
Mehr nach dem Palatine*
Blickt, trotz der Mutter Eigensinn,
Der junge Tänzer lüstern hin.

O Tanz, schön zum Entzücken!
Den Jüngling zu beglücken,
Die Spröden zu bezwingen,
Und Greise zu verjüngen,
Hat Venus, sie, die dich erfand,
Vom Himmel auf die Welt gesandt!

H."

Während wir bei diesem Gedichte keine weiteren An=
haltspunkte für die Urheberschaft Horns haben, als die
Unterschrift „H." und die unmittelbare Folge nach dem vor=
hergehenden, ebenso unterzeichneten, führen uns im dritten
und letzten Gedichte, in Nr. XXXXVIIII vom 16. De=
zember 1768, Seite 375/6, einige Anklänge an das Gedicht
auf Clodius zu dem Verfasser Horn hin.

---

* Man sieht aus diesem einzigen Zuge, daß dieß Gedicht schon vor
verschiednen Jahren gemacht seyn muß. Denn theils sind die sogenannten
Palatine überhaupt längst bey galanten Frauenzimmern aus der Mode
gekommen; theils ersparen uns auch bey unsern Bällen schon seit vielen
Jahren unsre gütigen Damen die Mühe, erst durch das Palatin die Schön=
heit zu errathen, die sonst hinter demselben halb verschleyert blieben.

„Parallele
zwischen Rabnern und dem Ritter Taylor.[1]

Begeistert wird von Dir die späte Nachwelt sprechen,
O Rabner! Taylor unsrer Zeit,
Du kannst der blinden Eitelkeit
Den Staar vortrefflich stechen.

Du hast, den Britten gleich, unzählige Patienten.
Manch Weib, die Deine Geisel traf,
Manch dummes wohlgebohrnes Schaaf,
Juristen, Priester und Regenten.

Sie können leider zwar nicht alle deutlich sehen,
Doch fällt die Schuld davon auf Dich?
Nein, ungestraft darf keiner sich
In seiner Blindheit blähen.

Zwar jenen krönt der Ruhm, der Welt genützt zu haben;
Doch so geschickt als Taylor war,
So drückt ihn endlich doch der Staar,
Und wird samt seiner Kunst begraben.

Doch Rabner, Deine Kunst wird nicht mit Dir verwesen,
Wenn Dich das finstre Grab umschließt;
Durch Dich kann, wenn Du nicht mehr bist,
Noch mancher Narr genesen.

H.“

Goethe, der mit schwerem Herzen aus Leipzig geschieden
sein mochte, fand im Elternhause bald wieder die Heiterkeit
seines Geistes, obwohl seine Genesung sehr langsam fort-
schritt. Die Briefe an Käthchen Schönkopf, die anfangs

---

1) Gottlieb Wilhelm Rabener, der bekannte Satirendichter (1714
—1771). — John Taylor, berühmter umherreisender Augenarzt, geb. 1703
zu Norwich, gest. 1773 zu Prag.

regelmäßig alle vier Wochen abgeschickt wurden, sind scherz=
haft gehalten, nur selten klingt ein ernster Ton durch). Im
ersten Briefe des Jahres 1769, vom 31. Januar, kommt er auf
seinen Freund Horn zu sprechen: „Es schreibt weder Horn
noch Sie, noch ein andrer; vielleicht habt ihr Bälle und
Faßnachts Schmäuße, zu der Zeit da ich im Elend sitze.
— Den dritten März binn ich schon ein Halbjahr hier,
und auch schon ein Halbjahr franck; ich habe an dem
Halbenjahr viel gelernt. Ich dencke Horn soll die Zeit
über auch mehr gelernt haben, wir werden einander nicht
mehr kennen, wenn wir einander wiedersehen. Gewiß
Horn hat nicht halb so viel Lust mich zu sehn als ich ihn.
Der gute Mensch soll aus Leipzig, und hat kein Blut
gespien. — Unglücklicher Horn! Er hat sich immer so
viel auf seine Waden eingebildet, jetzt werden sie ihm zum
Unglück gereichen. Laßt ihn nur lebendig weg. Satt sehen
könnt ihr euch noch an ihm, denn er ist der letzte Franck=
furter in Leipzig, der gerechnet wird, und wenn der fort,
da könnt ihr warten biß ihr wieder einen zu sehen kriegt.
Doch tröstet euch, ich komme bald wieder [1].“

Horn muß wenige Tage nach dem Osterfeste, das auf
den 26. März fiel, von Leipzig abgereist sein, denn er traf
am Sonntag den 2. April in seiner Vaterstadt ein, und
acht Tage darauf ging der erste Brief an „das hohe
Schönkopfische Haus“ ab. Im ganzen sind uns sieben
Briefe Horns an die Familie Schönkopf und besonders an
Käthchen erhalten geblieben, deren Verständnis manchmal
erschwert ist, weil die Antworten fehlen. Der erste Brief
lautet [2]:

<hr>

1) Goethes Werke, Weimarer Ausgabe. IV, 1, S. 185, 186 und 188.
— 2) Kurze Auszüge aus diesem Briefe in Jahn, Goethes Briefe an
Leipziger Freunde. 2. Aufl., S. 111 und 184/5.

Franckfurth den 9. April 1769.

Liebste Freunde!

Vielleicht werden Sie doch gerne wissen wollen, was aus einem Menschen der täglich das Glück gehabt hat mit Ihnen umzugehen, geworden ist. Ich bin am Sontag früh um 8 Uhr hier angelangt, ohne auf der Reise einen widrigen Zufall gehabt zu haben.

Meine Leute hatten sich meiner Ankunft noch nicht versehen und schienen drüber mehr als ich verdiene erfreut zu seyn. Es war mir ebenfalls eine kleine Freude wieder in meinem Vaterlande und bey den meinigen zu seyn, aber diese Freude war sehr mittelmäßig, sobald mir das einfiel, was ich in Leipzig gehabt und was ich verlohren habe. — Sie wissen es am besten, ob ich beym Abschiede nicht Ursache hatte betrübt zu seyn. — Doch das bey Seite gesetzt, wir wollen von etwas Lustiges reden.

Hier im Reiche ist es gar nicht auszuhalten, die Leute sind so stipide, als man es sich nur vorstellen kan. Manchmal muß ich drüber lachen, aber öfters ärgre ich mich drüber. — Die Mädchen! o die sind hier gantz unerträglich! sehr stolz und ohne allen Menschenverstand. Ich mögte rasend werden, wenn ich an Leipzig gedenke. Nicht eine ist fähig einen discours zu führen, als etwa vom Wetter, oder von einer neumodischen Haube. — Das beste ist, daß ich nicht lange hier bleibe. Es sind mir schon 2 Vorschläge gethan worden. Zwischen hier und Michel, will ich mich gewiß zu etwas entschließen, denn was soll ich hier? Mein Vater ist auch mit meinem Vorsatz zufrieden und spricht weill ich noch jung wäre, so könnte ich mich noch ein wenig in der Welt umsehen.

Nun was macht denn das hohe Schönkopfische Haus?

Ich wünschte daß ich diesen Abend bey Ihnen Punsch trincken könnte, ich bin aber zu einer langweiligen Frau Nichte gebethen und werde mir es also vorbehalten. Herr Dr. Kanne wird noch bey Ihnen seyn. Geben Sie ihm diesen Brief zu lesen. Er wird es nicht übel nehmen, daß ich nicht besonders an Ihn geschrieben habe. Ich kan vor den verdammten Visiten die ich geben und annehmen muß, gar nicht zu mir selbst kommen. Es soll aber nächstens geschehen. Im grunde glaube ich, ist auch einerley ob ich an Sie oder an Ihn schreibe, denn so lange wir noch in Ihrem Hause wohnten, machten wir doch immer ein Stück von der Familie aus, und Er hat noch ein größeres Recht dazu als ich, denn er ist .... älterer Studente. — Göthe läßt Sie grüßen, Mamsell! Er sieht immer noch ungesund aus und ist sehr stipide geworden. Die Reichslufft hat ihn schon recht angesteckt. Ich muß machen, daß ich wieder wegkomme, sonst geht es mir ebenso, und ich bin doch noch zu jung um stipide zu werden.

Die Zeit wird mir aber entsetzlich lange, ob ich gleich selten allein bin. Göthe spricht ich solte mich hängen, aber hier mag ich nicht; wenn ich klug gewesen wäre, so hätte ich mich in Leipzig hängen sollen.

Grüßen Sie alle gute Freunde. Den Herrn Oberein-nehmer und Herrn Häsern. Besonders das gantze Ober-manische Haus und Mlle Treuhaupt — aber doch im Ernste die jüngste Lauern [1]) können sie grüßen und grüßen lassen. —

---

1) Oberzoll- und Geleitseinnehmer Johann Georg Richter und der Schönkopfs schräg gegenüber wohnende Kaufmann Johann Wilhelm Obermann, der zwei Töchter besaß, die vielleicht mit Mlle Treuhaupt und Jungfer Lauer gemeint sein können. Vgl. Biedermann I, S. 249. — Johann Georg Häser, Musiklehrer und später Musikdirektor der Universität. Vgl. Biedermann I, S. 153.

Auf der Reise wäre ich bald unglücklich gewesen, denn
meine krummen Beine, wie die Mamsell spricht; hatten
sich so mit den Andräischen [1]) verwickelt, daß man sie um
uns zu trennen bey nahe hätte zerbrechen müßen. — Wenn
sie mich noch lieb haben, so schreiben Sie mir ja balde.
Denn so stipide ich auch jetzo bin, so kan ich Sie doch
allerseits mit aller möglichen Klugheit versichern, daß ich
lebenslang seyn werde

Des hohen Schönkopfischen Hauses

aufrichtiger Freund
Horn.

Der mitgegebene Brief ist bestellt.

Dr. Kanne, [2]) der von Goethe selbst in das Schönkopfsche
Haus eingeführt worden war, trat bald als ernsthafter
Bewerber um Käthchen auf und hatte dazu als ein Mann
mit abgeschlossenen Studien auch mehr Aussicht auf Erfolg,
als der launische Student Goethe, der drei Jahre jünger
war als seine Angebetete. Nachdem Kanne im Frühjahr
1769 zum Dr. jur. promoviert worden war, verlobte er sich im
Mai mit Käthchen. Diese setzte Horn davon in Kenntnis,
der darauf folgendes Schreiben an sie richtete: [3])

Franckfurth den 26 May 1769.

Werthgeschätzte Jungfer Braut!

Ohne Wasser würden wir verdursten, ohne Brod verhungern
und ohne den Ehestand würde unser Leben kaum halb so
angenehm seyn. Wie glücklich sind Sie, beste Jungfer

---

1) Der Buchhändler Johann Benjamin Andreae, mit dem Horn von
Leipzig zurückgereist war. — 2) Christian Carl Kanne, geboren 1744,
gestorben 1806 als Vizebürgermeister von Leipzig. Vgl. Biedermann I,
S. 290 und Jahn S. 38. — 3) Bereits bei Jahn, S. 112—114 mitgeteilt, der Vollständigkeit halber aber hier nochmals abgedruckt.

Braut, daß Sie sich in einen Stand begeben wollen, der
auch von den wildesten Nationen für den glücklichsten ge=
halten wird. — Ich als ordentlich installirter Schulmeister
und Hochzeitbitter allhier zu Franckfurth und Sachsenhausen,
empfinde darüber ein recht hertzliches Vergnügen und
schätze mich besonders glücklich, daß ich die Ehre habe, so
wohl Ihnen als auch respective dero Hrn. Bräutigam
hierzu Glückwünschen zu können. — Wir Menschen suchen
unser gröstes Glück in dem gesellschafftlichen Umgang mit
andern, aus diesem Umgang entsteht nun, wenn es lauter
Manspersonen sind, die Freundschafft, und wenn Frauen=
zimmer dazu kommen, die Liebe, aus der Liebe, die Ehe,
aus der Ehe Kinder, aus den Kindern Enkel und so
weiter. — Da nun, meine werthe Jungfer Braut Ihnen
alles dieses bevorsteht, so verursacht mir dieses wie billig
eine außerordentliche Freude in meinem Schulmeisterlichen
Hertzen. Wolte der Himmel, daß ich bey Ihrem Ehren=
tage tranchiren und mit meiner gantzen Gemeinde bey Ihrer
Trauung das Lied: Wie schön ists doch! anstimmen könnte.
Weil nun aber dieses wegen einer viertzigmeiligen Ent=
ferntheit unmöglich, so bleibt mir nichts anders übrig, als
daß ich meine Amtsdienste vielleicht in eine poetische Aus=
dünstung verwandle und anstatt des tranchirens und Vor=
singens an Ihrem Ehrentage Ihnen die fröliche Ausrufung
meiner traurigen Muse überschicke. — Bitte deswegen
demüthigst, mir den Tag Ihrer Hochzeit bekannt zu machen,
damit sich darnach richten könne

Ihr

Freund

Horn
Schulmeister und Ludimagister
zu Franckf. und Sachsenhausen.

Nachschrifft (zu Deutsch: Postscriptum)

Der König[1] Horn läßt sich erkundigen, wie sich seine
Ministers in dem hohen Schönkopfischen Hause befinden.
Auch ertheilt er hiermit allen denen, die sich in demselben
ehelich verlobt haben, die Erlaubniß die Hochzeit, sobald
es nur Ihnen gefällt rechtmäßig und mit allen Ceremonien
zu vollziehen. So gegeben in seiner Residentz Stadt
Franckfurth am Mayn den 22. May 1769.

Hornius Rex.

Aber doch im Ernste gesprochen! Ich empfinde eine hertz-
liche Freude, wenn ich itzo an das Schönkopfische Haus gedencke. Herr und Madam sind vergnügt, Mamsel eine Braut,
Peter sieht der gantzen affaire mit Gelassenheit zu, fürwar,
das muß mir recht angenehm seyn, wenn Sie wissen, wie
vielen Antheil ich jederzeit an Ihrer Freude genommen
habe. Wolte der Himmel, daß ich nur dabey seyn könnte
am Hochzeittag, gewiß es solte noch einmal so lustig zu
gehen. Sie kennen mich ja. Ich spielte, ohne Ruhm zu
melden, immer die lustige Person. Doch für itzo ist mir
aller Muth lustig zu seyn vergangen. Sie wissen was ich
verlohren habe. Ich führe hier ein gantz verdammtes
Leben. Ich studire zum toll werden, weil ich mir mit
nichts anders die Zeit vertreiben kan. Manchmal kriege
ich einen Brief von Leipzig und der macht mich wieder
aufgeräumt, Ich habe ihn aber kaum gelesen, so verfalle
ich in meine alte Melancholie. Wer weiß ob ich in
meinem Leben wieder nach Leipzig komme. Ob ich jemals
so glücklich seyn werde wie mein Freund Kanne es durch

---

1) Wahrscheinlich auf eine Rolle bezüglich, die Horn in einem Stücke
bei Schönkopfs gespielt hatte. Siehe: Dichtung und Wahrheit, Hempel-
Ausgabe, Tl. 2, S. 298, Anm. 233.

Sie geworden iſt. Man kan zwar nicht alle Hofnung
aufgeben, aber doch iſt mein Glück noch ſehr ungewiß. —
Liebſte Freundin vergeſſen Sie mich nicht. Gedencken
Sie in Ihrem Glücke noch manchmal an die unglücklichen.
Erinnern Sie ſich meiner und meiner Conſtantie an Ihrem
Hochzeittage. Ich wünſche Ihnen eben ſoviel Glück, als
wir itzo unglücklich ſind. — Leben Sie wohl und tröſten
Sie bald mit einem Brief

Ihren aufrichtigen Freund
Horn.

Grüßen Sie den Obereinnehmer. — Goethe wird ehſtens
an Sie ſchreiben. — Den Brief bitte zu beſtellen, auch
eine gewiſſe Mamſel Lauer zu grüßen.

Die luſtige Perſon, die Horn immer geſpielt hatte,
ſcheint, trotzdem ihm aller Mut vergangen ſei, wie er
ſchreibt, doch noch immer in ihm geſteckt zu haben.

Goethe, den die Anzeige der Verlobung nicht überraſcht
haben wird, ſchrieb am 1. Juni an Käthchen: „Aus
Ihrem Brief an Hornen habe ich Ihr Glück und Ihre
Freude geſehen, was ich dabey fühle, was ich für eine
Freude darüber habe, das können Sie Sich vorſtellen,
wenn Sie Sich noch vorſtellen können, wie ſehr ich Sie
liebe." [1] Im weiteren Verlauf des Briefes, der ihm ſchwer
fiel, wie er ſelbſt ſagt, ſpricht er faſt mehr von ſeinem
Freunde Horn und deſſen Liebe zu Conſtantie als von
ſeinem eigenen Liebesſchmerz: „Horn fängt an ſich zu er-
holen, wie er ankam, war gar nichts mit ihm zu thun.
Er iſt ſo zärtlich, ſo empfindſam für ſeine abweſende
Ariane, daß es komiſch wird. Er glaubt im Ernſte was
Ihr Brief ihm verſichert daß Conſtantie bleich für Kummer

---

1) Goethes Werke, Weimarer Ausgabe, IV, 1, S. 210.

geworden wäre. Wenns auf's bleich werden ankommt,
so sollte man dencken er liebte nicht starck denn er hat
röthere Backen als iemals. Wenn ich ihm versichre:
Fieckgen würde sich an ihrer Freundinn Exempel spieglen,
und nach und nach einsehen lernen pp, so flucht er mir
den Hals voll; und schickt mich mit meinen Exemplen
zum Teufel; er schwört daß die Buchstaben der Zärtlich=
keit die seine mächtige Liebe in ihr Herz geschrieben unaus=
löschlich seyn. Der gute Mensch bedenckt nicht daß Mädgen
Herzen nicht Marmor sind, und daß sie auch nicht Marmor
seyn dürffen. Das liebenswürdigste Herz ist das welches
am leichtsten liebt, aber das am leichtsten liebt vergißt auch
am leichtsten. Doch er denckt daran nicht, und hat recht,
es ist eine gräßliche Empfindung seine Liebe sterben zu
sehen. Ein unerhörter Liebhaber ist lange nicht so
unglücklich als ein verlassener, der erste hat noch Hoffnung,
und fürchtet wenigstens keinen Haß, der andre, ja der
andre — wer einmal gefühlt hat was das ist aus einem
Herzen verstoßen zu werden das sein war, der mag nicht
gerne daran dencken geschweige davon reden.

Constantie ist ein gutes Mädgen, ich wünsch ihr einen
Tröster; keinen von den leidigen, die sagen: Ja, es ist
nun einmal so, man muß sich zufrieden geben; sondern so
einen Tröster, der einem durch die Sache tröstet, indem
er einem alles wieder ersetzt was man verlohren hat. O sie
wird nicht lange eines mangeln. Geben sie drauf acht
liebe Freundinn, wenn Sie jemanden sehen der sie so führt,
und mit ihr spazieren geht, und — nun das wissen Sie ja
was alles dazugehört, woran man merckt, daß es nicht iust
ist; so schreiben Sie mir's, Sie können Sich leicht vor=
stellen, warum es mich freuen wird [1]."

---

[1] Goethes Werke, Weimarer Ausgabe, IV, 1, S. 210—212.

Als darauf Käthchen, die, wie nach dem Schlußsatz des vorigen Briefes anzunehmen ist, den Briefwechsel zwischen Horn und Constantie vermittelte, jenem Vorwürfe darüber gemacht zu haben scheint, daß er nicht wie ein schmachtender Liebhaber einhergehe, schrieb er zurück[1]):

Franckfurth den 30. Junij 1769.

Liebste Freundin

Sie thun mir unrecht, wenn Sie dem glauben, was Ihnen Göthe von mir blos im Spaß geschrieben hat. Sind denn rothe Backen immer das sichere Zeichen des Zustandes unserer Seele? Ich bitte Sie meine Freundin, machen Sie mir keine Vorwürfe, die ich nicht verdiene. Wenn ich weniger bey meiner Abreise verlohren hätte, so könnte es vielleicht mir nicht übel genommen werden, wenn ich Leipzig die 6 traurige Wochen über, daß ich hier bin, vergessen hätte; aber Sie wissen meine Freundin, ob man einen Verlust wie ich erlitten so leicht verschmertzen kan. Ist es nicht wahr, daß Ihnen itzo, da Ihr Dokter in Dreßden ist, die Minuten Stundenlang werden? und doch können Sie sich leicht trösten, Sie dürfen nur sich erinnern, daß er gewiß ehe ein ½ Jahr vergeht wieder bey Ihnen und alsdan ewig der Ihrige seyn wird. Nun stellen sie sich aber einmal an meine Stelle. Was habe ich für Hofnung? Es können vielleicht zwey bis drey Jahre ver-

---

1) Die ersten Zeilen bei Jahn, S. 115 abgedruckt. Dieser mit einer Oblate gesiegelte Brief muß einem anderen beigeschlossen gewesen sein, denn er trägt die Aufschrift:

„à
Mademoiselle Schoen-
kopf ma très chère
amie
à
Leipzig."

gehen, ehe ich nur daran dencken darf meine Constantie
wieder zu sehen. Vielleicht sehe ich sie gar nicht wieder!
O dencken Sie, wie viel glücklicher sind sie, gegen uns.

Ich dancke Ihnen recht sehr, daß Sie in die Zusammen=
kunft mit meiner Constantie gewilligt haben. Wolte der
Himmel, daß ich auch hätte dabey seyn können. Wieviel
werdet Ihr einander zu sagen gehabt haben! — Glauben
Sie nicht, daß es der alte B. erfahren hat, denn Con=
stantie würde es mir gewiß geschrieben haben. Daß sie
franck gewesen ist, weiß ich, aber die Ursache ist mir un=
bekannt. Es sind ja außerdem Leute genung im silbernen
und goldnen Bär¹), die sich ein Vergnügen draus machen,
wenn sich Constantie ärgert, und gewiß entstund Ihre
Kranckheit aus einer solchen Ärgerniß. Das gute Mädchen!
Sie muß wie ich in einer unglücklichen Stunde gebohren
seyn, weil ihr das Schicksal so wenig günstig ist. — O
was wolte ich drum geben, wenn es in meiner Macht
stünde ihr das Leben angenehm zu machen! Aber dencken
Sie nur selbst, wie wenig Hofnung haben wir vor uns!
An den Vorschlag, den Sie mir thaten in Ihrem Briefe,
ist gar itzo noch nicht zu gedencken. Erstlich bin ich nicht
mein eigener Herr und wenn ich es wäre, so läßt es
meine Jugend nicht zu. Ich verabscheue die Ehemänner
von 21 Jahren. Und wer bin ich denn, wenn man die
Sache genau untersuchen will? bis dato noch nichts als
ein Studente, und der Himmel weiß, was noch in der
Welt aus mir werden wird. Ich wolte nicht gerne, daß

____

1) Die einander gegenüber liegenden Häuser der Familie Breitkopf
auf dem Alten Neumarkt. Der „Goldene Bär“ wurde 1732—1735
von Bernhard Christoph, der „Silberne Bär“ 1765—1767 von dessen
Sohne Joh. Gottlob Immanuel Br. erbaut. Siehe: Wustmann S. 268/9
und Hase, Breitkopf und Härtel. S. 1—3.

ein Mädchen wie Constantie durch mich unglücklich werden
solte. Sie haben ja offt von mir selbsten gehört, daß ich
gesagt habe, daß ich gewiß nicht eher heurathen würde,
als bis ich versichert wäre, daß eine Frau durch mich
glücklich werden könnte: und wer verdient mehr glücklich
zu sein als unsre Freundin? Wenn ich ein Mensch wäre
von großem Vermögen oder ein gutes Amt hätte, als dann
würde ich mich glücklich schätzen lebenslang der ihrige zu
seyn, aber solte ich, so lang ich das nicht bin, Ansprüche
auf ein Mädchen mit Recht machen können, wie meine
Constantie?

Auch das bedencken Sie liebste Freundin! wie viel
Hindernisse würde ich nicht zu überstehen haben. Ohnmöglich
kan ich mir die Sache schwehrer vorstellen als sie ist. Ich
kenne zu gut die gantze Familie, als daß ich mich von
einer falschen Hofnung solte betrügen lassen. Stellen Sie
sich einmal vor, was würden nicht Obermanns, Schwabe
und Reichel [1]) thun, die Sache zu hintertreiben. Sie
wissen, daß das meine abgesagtesten Feinde sind. Sie
wissen auch die Ursache warum sie es sind. Selbst mit
dem alten B. stehe ich nicht zum besten, ob man mich es
gleich überreden will. — Aber gesetzt auch, ich hätte alle
diese Hindernisse aus dem Weg geräumt, wer weiß was
Constantie thun würde. Wer weiß, ob mir ihr Hertz als
Ehmann so gewiß wäre, als es mir ist, so lang ich ihr
Liebhaber bin. Ich behaupte immer und werde es be=
haupten, daß der Titel eines Liebsten süsser ist, als eines
Mannes. — Doch lassen Sie uns davon abbrechen! Ich

---

1) Schwabe unbekannt. — Reichel der bei Joh. Gottlob Immanuel
Breitkopf, dem Vater Constanties, „auf dem alten Neumarkte im weißen
Bär“ wohnende Arzt und Universitätsprofessor Dr. med. Georg Christian
Reichel. Siehe: Biedermann I, S. 209 u. 298 und Wustmann S. 268/9.

habe schon zuviel gesagt. Alles was Sie thun können, liebste Freundin, ist, daß Sie uns bedauern. Entfernt von Constantien bin ich der unglücklichste Mensch und doch werde ich nicht eher wieder vor ihr erscheinen, als bis ich aufrichtig sagen kan, daß sie nur einiger Maßen durch mich glücklich werden kan: und wer weiß wie lange Zeit noch bis dahin ist. — Sie werden mir einen unendlichen Gefallen erzeigen, wenn Sie keine Gelegenheit versäumen mit meiner Constantie manchmal zusammen zu kommen. Ich bitte Sie drum im Nahmen unsrer Freundschafft. Sie hat würcklich in Leipzig keine wahre Freundin, wie Sie, und keinen Freund, als ihren Bruder und vielleicht mich.

Ich muß schließen, um Sie nicht länger aufzuhalten. Leben Sie wohl! und grüßen Sie hundertmal Ihre lieben Aeltern und den kleinen Peter. Was wolte ich drum geben, wenn ich nur noch einmal mit Ihnen Bunsch trinken könnte. Seitdem ich hier bin verlerne ich alles. Das Bunsch trincken, das Singen und auch das Küssen, und ich mag es auch nicht eher wieder anfangen, bis ich wieder nach Leipzig komme. — An Ihren Dokter will ich ehstens nach Dreßden schreiben. Ich habe bis dato noch nicht Zeit gehabt. Grüßen Sie alle die sich meiner erinnern, besonders den Obereinnehmer, Herrn Häsern und die beyden guten Mädchen in Ihrer Nachbarschafft. Sie wissen schon wen ich meyne. — Eben erhalte ich einen Brief von meiner Constantie. Sie ist wieder völlig gesund. — Vergessen Sie nicht an uns beyde zu gedencken und wenn Sie mich noch lieb haben, so schreiben Sie mir ja bald wieder, denn ich bin und werde gewiß lebens lang seyn

Ihr

aufrichtigster Freund

Horn.

Nach diesem Briefe zu schließen, muß Käthchen, deren
Verehelichung mit Dr. Kanne demnächst bevorstand, Horn
nahe gelegt haben, doch dem Beispiele ihres Verlobten
zu folgen, wogegen er sich aber ganz entschieden wehrte.
Über diese Zurücksetzung ihrer Freundin mag sie nun ärger=
lich geworden sein und Horn in der nächsten Zeit keines
weiteren Briefes gewürdigt haben, wie aus dessen Briefe
vom 2. Februar 1770 hervorgeht, der uns auch annehmen
läßt, daß von Horn ein nicht mehr vorhandener Brief im
Herbste 1769, nach der Frankfurter Messe, geschrieben wurde.

Obgleich er keine Lust zeigte, so wie Dr. Kanne zu handeln,
wobei ihm, dem Sohne eines niederen Beamten, auch der
Unterschied zwischen seiner Häuslichkeit und dem großen
gastlichen Breitkopfschen Hause vorgeschwebt haben mochte,
scheint ihm doch trotz seines lustigen Wesens die Aussichts=
losigkeit seiner Liebe manche trübe Stunde bereitet zu
haben. Denn Goethe schrieb einige Monate darauf, am
26. August 1769, an Käthchen: „Horn läßt Sie grüßen, er
ist unglücklicher als ich. Wie aber alles wunderlich aus=
getheilt ist, so hilft ihm seine Narrheit sehr zur Cur von
seiner Leidenschafft" [1]. Diese trübe Stimmung spiegelt
sich auch in dem Eintrage Horns in das Stammbuch
Ernst Theodor Langers wieder, dem er am 17. September
1769 folgendes zur Erinnerung schrieb:

„Zärtlichkeit ist niemals Sünde
Aber oft ein Quell von Schmertz.

Dieses weiß aus der Erfahrung Ihr aufrichtiger Freund

J. A. Horn [2]."

<hr>

1) Goethes Werke, Weimarer Ausgabe, IV, 1, S. 214 und 215. —
2) Siehe: Zimmermann, Paul, Ernst Theodor Langer, Bibliothekar zu
Wolfenbüttel (in der Zeitschrift des Harz=Vereins für Geschichte und
Altertumskunde, 16. Jahrgang, Wernigerode 1884, S. 10).

Langer, der später Leſſings Nachfolger an der Wolfen=
bütteler Bibliothek wurde, war, an Stelle von Goethes
Freund Behriſch, Hofmeiſter des jungen Grafen Lindenau
geworden. Mit Goethe, von Leipzig her bekannt, ſuchte
er ihn auf, als er mit ſeinem Zögling nach Lauſanne reiſte
und ſich in Frankfurt einige Tage aufhielt[1].

Nach längerer Unterbrechung hören wir dann erſt am Be=
ginne des folgenden Jahres wieder etwas von Horn. Am
23. Januar 1770 ſchrieb Goethe in ſeinem letzten Briefe an
Käthchen: „Horn und ich ſind noch immer gute Freunde,
aber wie es in der Welt geht, er hat ſeine Gedancken,
und ſeine Gänge, und ich habe meine Gedancken und
meine Gänge, und da vergeht eine Woche und wir ſehen
uns kaum einmal"[2]. Gegen Schluß des Briefes kommt
er dann noch einmal auf Horn und deſſen Liebe zu
Conſtantie zu ſprechen, mit der er offenbar, wie ſchon aus
dem Briefe vom 1. Juni 1769 hervorging, nicht recht ein-
verſtanden war: „Stenzel liebt noch den Riepel den
Pegauer zum Sterben, mir kömmt es einfältig vor, und
ärgerlich, Sie können Sich dencken warum. Die Trauben
ſind ſauer ſagte der Fuchs. Es könnte wohl noch gar am
Ende eine Ehe geben, und das wär ein Specktackel, aber
ich müßte doch noch eine Ehe, die ein noch gröſſerer
Specktackel wäre. Und doch iſt ſie nicht unmöglich, nur
unwahrſcheinlich." In ſcherzhaftem Tone fährt er dann
im Anſchluß an die letzten, auf ihn bezüglichen Worte
fort, wenn er einmal heirate, ſo müſſe ſeine Schweſter
aus dem Hauſe, denn er leide keinen Schwager, er und
ſeine Eltern würden dann das Haus teilen, er kriege
10 Zimmer „alle ſchön und wohl meublirt im Franckfurter

---

1) Ebenda S. 19/20. — 2) Goethes Werke, Weimarer Ausgabe,
IV, 1, S. 221.

Gusto." Da Käthchen, wie er sehe, ihn nicht möge, so
solle sie für ihn eine ihrer Freundinnen freien, die ihr am
ähnlichsten wäre; denn was solle das Herumfahren? In
zwei Jahren sei er wieder zu Hause: „Und hernach. Ich
habe ein Haus, ich habe Geld. Herz was begehrst du?
Eine Frau! Adieu liebe Freundinn. Heut war ich ein=
mal lustig, und habe schlecht geschrieben. Adieu meine
beste [1]." So endigte Goethes zweite Liebe!

Sollten der Ärger und der Galgenhumor, die aus diesen
Worten sprechen, sollten sie nicht aus reinem Herzen ge=
kommen sein? Könnte da nicht ein bißchen Mißgunst
gegen den Freund mitgesprochen haben, weil für diesen
ein Herz in treuer Liebe schlug? Die sonderbaren Kose=
namen, — Pegauer etwa gleichbedeutend mit Rüpel, wie
wir statt Riepel lesen müssen, — die hier zum ersten Male
auftauchen, dürften es fast vermuten lassen. Es mag ja
sein, daß Horn, wie früher in Frankfurt so auch in Leipzig
„mit seinen burlesken Darstellungen nicht immer in den
gehörigen Grenzen blieb" und deshalb den ortsüblichen
Spitznamen „Pegauer [2]" erhielt, und daß Goethe aus
diesem Grunde die Liebe des wohlerzogenen Mädchens
aus gebildetem Hause für keine passende erachtete, niemals
aber ließ er seinem Ärger so freien Lauf wie hier in dem
letzten Briefe an die verlorene Geliebte.

Ohne Ahnung über den Unmut seines Freundes schrieb
Horn wenige Tage darauf an Käthchen:

Franckfurth den 2. Febr. 1770.

Liebste Freundin!

Wenn Sie kein Frauenzimmer und noch oben drein ein

---

1) Goethes Werke, Weimarer Ausgabe, IV. Abtlg., 1. Bd., S. 225 6.
— 2) Biedermann I, S. 219.

58

so gutes Mädchen wären, so könnten Sie sich immer itzt einen kleinen Verweis von mir versprechen [1]). Dencken Sie nur, es ist beynahe ein Jahr daß ich nichts von Ihnen gehört noch gesehen habe; und wenn ich auch manchmal an Sie schrieb, so haben Sie mir immer meine Briefe nur halb beantwortet, und mich vertröstet, daß Sie mir ehstens mehr schreiben würden. Darauf habe ich nun auch immer gewartet, aber ohne allen Erfolg. — Ob ich mir gleich nicht vorstellen konnte, daß mein Angedencken, so bald im Schön= kopfischen Hauße erloschen seyn würde, so wunderte ich mich doch zuweilen über den wenigen Eindruck, den meine Briefe auf Sie allerseits machten. — Doch keine Vorwürfe! — Ich weiß doch, daß Sie sich noch manchmal der lustigen Person erinnern und das ist schon hinlänglich zu meiner Beruhigung.

Nun was machen Sie denn, mein schönes Kind! — Wie= viel wolte ich nicht drum geben, wenn ich nur einen Augenblick bey Ihnen seyn könnte; denn ich wolte Sie gern wegen einer gewißen Sache um Rath fragen, die aber so wichtig ist, daß man sie nicht einmal dem Papier anvertrauen kan. Ich muß also dieses Geheimniß so lange bey mir behalten, bis wir einander wieder sehen; wenn aber dieses geschehen wird, weiß ich nicht, nur soviel weiß ich, daß es geschehen wird. Sie bleiben ja doch allem An= sehen nach in Sachßen, und wenn es auch in Dreßden seyn solte, so würde ich wenn ich einmal wieder in Sachßen wäre, eine Reiße von 13 Meilen um Sie zu sehen, nicht achten: und alsdann wollten wir recht viel viel mit einander reden. —

Daß Sie allerseits wohl sind, daran zweifle ich nicht. Zum wenigsten wünsche ich es. — Hier in Franckfurth geht es gantz erträglich. Ich fange nun an meine Landsleute wieder kennen zu lernen und sie mich.

_____
1) ausgestrichen war: zuziehen.

Manchmal wird mir aber doch ein wenig die Zeit lang,
und das mag wohl daher kommen, weil ich offt außer den
guten Freunden die ich hier habe, mir auch eine gute
Freundin wünsche, die ich aber nirgends finde und auch
nie in Franckfurth finden werde. Und daher kommts, daß
ich offt, wenn ich an die vorigen Zeiten zurück gedencke,
der Melancholie sehr nah bin. Weil ich aber immer noch
Hofnung habe, das was ich verlohren wieder zu finden, so
heitert mich dieser Gedancke wieder auf, und ich werde so
lustig wie sonst. — Unsern Freund Göthe werde ich nur
noch bis zu Ende des Mertz behalten, und hernach geht er
nach Straßburg. Ich werde in Zeit von 14 Tagen auch
wegreißen und Dokter werden und hernach gehe ich nach
Wetzlar und bleibe vielleicht ein Jahr oder zwey da. Bis
dahin ist Göthe auch wieder hier und hernach wollen wir
uns in unserm Vaterlande zur Ruhe begeben und sehen
wo wir eine Frau herbringen, und gibt es hier in
Franckfurth keine, so reisen wir wieder nach Sachßen und
holen uns eine. — Gestern haben wir einen unvermutheten
Besuch bekommen. Sie kennen ja Erben[1] des Herrn
v. Meermanns Hofmeister? der war hier und kam von
Göttingen um seine Schwester die sich in Offenbach auf=
hält zu besuchen; und da waren wir nun recht lustig: denn
ich freue [mich] immer, wenn ich einen alten Bekannten
wieder sehe. Er wird in ein Paar Tagen wieder nach
Göttingen zurück reisen. — Ich werde Ihnen wohl in
meinem letzten Briefe geschrieben haben, daß der Rath
Strobel[2] auch vorige Meße bey mir gewesen ist. Er
wird auch wohl bey Ihnen gewesen seyn? — In Leipzig soll
es ja diesen Winter recht lustig zugehen, wie mir Breitkopf
geschrieben hat. Schade daß ich nicht mehr da bin. —

1) Nicht bekannt. — 2) Nicht bekannt.

Apropos! bey B.[1] spielen sie ja wieder Cómodie (sic!):
Pamela. Die Mslle Schrödtern[2] die Sängerin ist auch
dabey und auch Fiekgen. Zum wenigsten ist es im Werck,
und die Rollen sind ausgetheilt, ob es aber der Vater
erlaubt, weiß ich nicht. Ich habe Fiekgen geschrieben, daß
sie es ohne seine Einwilligung ja nicht thun soll und sie
hat es mir auch versprochen. Übrigens sehe ich es recht
sehr gerne, wenn sich das gute Mädchen eine Veränderung
macht. — Laßen Sie sich aber nichts von der Comoedie
mercken, wenn etwa Gottlob[3] zu Ihnen kommen solte.

Nun leben Sie recht wohl! und nehmen Sie mir es nicht
übel, wenn mein Brief zu lang ist. Ich gehe Ihnen des=
wegen mit gutem Exempel vor, damit sie mirs nachthun
sollen; denn nunmehro hoffe ich zum wenigsten ehe 14 Tage
vergehen einen großen Brief von Ihnen zu bekommen, wenn
sie nicht haben wollen, daß ich glauben soll, als hätten Sie
mich gantz vergeßen. — Grüßen Sie mir Ihren Dokter, wenn
Sie an Ihn schreiben, recht sehr vielmal und führen Sie ihm
seine Nachläßigkeit im Schreiben auch ein wenig zu gemüthe.

Den Herrn Schönkopf, die Madam und den kleinen Peter
errinnern Sie meiner und grüßen Sie sie viel hundertmal.
Ingleichen den Herrn Ober Einnehmer, Herrn Häser und
alle die mich kennen, Ihre hübsche Jungfer Nachbarn mit
eingeschloßen in der Farbe.

Vergeßen Sie nicht

   Ihren

     aufrichtigen Freund

     J. A. Horn.

____

 1) Breitkopfs. — 2) Die bekannte Sängerin Corona Schröter
(1748—1802), zu deren schwärmerischen Anbetern auch der junge Goethe
gehörte. Vgl. Biedermann I. S. 160/1 u. a. a. O. — 3) Der jüngere
Bruder Constanties.

Wir sehen daraus, daß Horn mit Gottlob Breitkopf
Briefe wechselt, aber auch nach wie vor noch mit seiner Con=
stantie auch Fieckchen oder Stenzel genannt. Käthchen ist
wahrscheinlich nicht mehr die Vermittlerin dieses heimlichen
Briefwechsels, aber auch nicht der Bruder Gottlob, da dieser
nichts davon erfahren soll, was Horn an Constantie schrieb.

Ungefähr vier Wochen später gingen zwei Briefe Horns
an Dr. Kanne und Käthchen ab, aus denen ganz die
frühere lustige, mitunter etwas derbe Person spricht. In
dem Briefe an Käthchen zeigt sich Horn wegen seiner Ge=
liebten etwas beunruhigt; es hat fast den Anschein, als
ob das bisher ungetrübte Verhältnis von seiten Constanties
etwas gestört worden sei. Die beiden Briefe lauten:

Franckfurth den 5. Mertz 1770.

Dem ganzen Schönkopfischen kleinen Stübchen, be=
sonders aber Herrn Dockter Kanne,

(wenn er noch drinne ist)

entbiethet Horn seinen freundlichen Gruß.

Es geht gar nichts mehr in der Welt richtig, mithin auch
unser Briefwechsel. Von dieser Wahrheit bin ich seit
14 Tagen so sehr überzeugt geworden, daß sie mich würcklich
auch verhindert hat, eher an Sie zu schreiben. Ich habe
zwar meinem Freunde Breitkopf aufgetragen, mich deswegen
bey Ihnen allen zu entschuldigen — ob ers gethan hat,
weiß ich nicht.

Also sind Sie in Leipzig, bey Ihrer Braut, im kleinen
Stübchen? o wenn ich doch auch dabey wäre! denn drey
machen ja erst ein Kolleg aus, wie Sie wissen. — Nur
aber nicht zwischen Mann und Frau, denn

wenn zu zwey kommt drey,
So ists Teuffeley

sagt der berühmte Dichter. — Sie haben mir auf dem
ersten Blatt Ihres Briefes Sachen geschrieben, die ich
Ihnen einmal mündlich sagen werde, wenn wir wieder
zusammen kommen; denn Sie mögten meinen Brief Ihrer
Braut zeigen, und die sagte hernach: ich hätte lauter
garstige Sachen gesagt und gedacht, und das thue ich doch
nicht. — Oder wissen Sie was; zeigen Sie ihr Ihn nicht,
denn man muß vor Besteigung des heiligen Torus einander
nichts zeigen; die Freude ist hernach desto größer. —
Nun wie haben Sie denn diese Zeit über in Dreßden
gelebt? Ohne Zweiffel besser wie ich in Franckfurth. —
Doch nein. Sie waren ja dorten eben so verlassen, wie
ich hier bin. Ohne Mädchen, ohne Braut, und also auch
ohne Freude. — Denn die Freude die man sich manchmal
so neben her macht, will nicht viel sagen, und es ist auch
kein Seegen dabey, sagte meine seelige Großmutter. —
Ja ja, die gute seelige Frau! —

Apropos! wissen Sie, daß Erb mich vor 6 Wochen besucht
hat? — Er ist von Göttingen Courier hierher geritten
um seine Schwester, die sich in Offenbach aufhält zu be=
suchen, und bey der Gelegenheit kehrte er bey mir ein. —
Haben Sie denn nicht auch etwa eine Schwester, oder eine
Jungfer Nichte hier in der Gegend? — Ich dächte Sie
besuchten Sie einmal. — Wissen Sie was! sie können ja
einmal Ihre Braut oder Ihre Frau mit den lieben Kleinen
hieher bringen, um Ihre Freunde zu besuchen; das heißt
Ihre Verwandten, die Sie noch hier haben; und wenn
etwa eine von Ihren Verwandten eine schöne mannbare
Tochter hat, so will ich Sie heurathen und hernach bin
ich auch ein Herr Vetter, den Sie wenigstens alle Jahr
einmal besuchen müssen. — Sie wollen mit ehstens einen
Ehstands Courier an mich abfertigen? Nun gut! machen

Sie nur daß er bald kommt; denn das Carmen liegt mir
schon so lang auf dem Hertzen, daß ich wünschte meiner
Bürde bald entledigt zu werden. — Und hernach solls
also drüber hergehen! — sagten Sie! — Eh nun viel
Glück! sage ich! —

> Kein Wurm
> Kein Sturm
> Kan zerschlagen
> Kan zernagen
> Was sich liebet
> Und darinnen stets sich übet. —

Bald will ich mich auch üben. Aber itzt ist es noch zu
früh und ich bin noch zu klein.

> Wenn ich aber werde wachsen,
> Komme ich wieder hin nach Sachsen
> Und da soll ein jeder sehn
> Wie es drüber her wird gehn. —

Daß sich die ehrlichen Leute mit Ihrer Comoedie lächerlich
gemacht haben, hat mir Breitkopf geschrieben. — Es war
aber auch ein närrischer Einfall, an einem öffentlichen
Orte sich so prostituiren zu wollen. Wenn ich Vater gewesen wäre, so hätte ichs selbsten nicht zugegeben, und
wenn ich da gewesen wäre, hätte ich nicht mit gespielt.
Überhaupt hat das verfluchte Comödien Spiel schon viel
Verdruß in der Familie angerichtet. Es war der Anfang
von allen Liebes Avanturen und es ist gewiß und wahr-
hafftig auch noch das Ende davon.

Goethe läßt sie schönstens grüßen! Er geht zu Ende dieses
Monaths hier weg und kommt etwa in einem Jahr wieder.
— Ich gehe vielleicht noch in dieser Woche nach Gießen.
Ich warte nur auf Briefe, denn vor Ostern werde ich

noch Ihr Herr College. — Sie können mir aber doch
schreiben, wenn Sie wollen; denn ich kriege alle Briefe
geschickt von Franckfurth, und in Gießen habe ich so nichts
zu thun.

Adieu mein guter! Behalten Sie mich Ihrer Freund=
schafft würdig! Grüßen Sie Dr. Seegern [1] und Kappen [2]
von mir, wenn Sie einen sehen. — Küssen Sie Ihre
Braut recht vielmal und sagen Sie ihr, mit welcher Hoch=
achtung und wahrer Freundschafft ich bin

Ihr

aufrichtiger Freund

Horn.

Franckfurth den 5ten Mertz 1770

Liebste Freundin!

Ich hätte Sie billig noch ein bisgen länger auf meinen
Brief sollen warten laßen; denn Sie haben mirs ja nicht
besser gemacht. Aber weil Sie doch ein so gutes Mädchen
sind und auch noch dazu meine beste Freundin, so sollen
Sie itzt da ich an Ihren Dokter schreibe einen Brief
mitkriegen.

Eine Bitte habe ich an Sie, die Sie mir aber nicht ab=
schlagen müssen. — Wäre es denn nicht möglich einmal mit
meiner Constantie am dritten Orte zusammen zu kommen?
Ich hätte gar gerne, daß Sie einmal mit Ihr redeten, und sie
weiter nichts fragten, als was sie denn itzo von mir dächte
und ob sie noch eben so von mir dächte, als wie sonst. —
Die Ursache warum ich diese Bitte an Sie thue, will ich

_____

1) Nicht bekannt. — 2) Christian Erhard Kapp, 1768 Dr. med.
Siehe: Biedermann I, S. 47—49.

Ihnen sogleich sagen, sobald Sie mir werden geschrieben
haben, was sie geantwortet hat. — Es sind gewisse Um=
stände die mich nöthigen diese Frage an Const. von einer
guten Freundin thun zu lassen, und ich weiß niemanden
besser, als Sie, und Sie werden mir auch deswegen diesen
geringen Freundschafftsdienst nicht versagen. Besonders
wenn ich Sie drum bitte, mein schönes Kind! — Und also
ist Herr Dr. Kanne wieder bey Ihnen? — Nun das ist
mir lieb. Er soll auch nun bey Sie bleiben, zum wenigsten
darf er ohne Sie nicht wieder fort. — Lassen Sie ihn
immer manchmal garstge Sachen reden. Wir Mannsleute
haben nun einmal unsre Freude dran, und ihr Weibsleute
auch, ihr dürft es euch nur nicht so merken lassen. —
Von mir hat er's aber nicht gelernt, sondern von Stocken [1]).
Sie wissen ja was der närrische Kupferstecher manchmal
vor Sachen gesagt hat. — Seyn Sie nur ruhig, wenn
ich einmal wieder komme so wollen wir einen gantz ernst=
hafften dicours führen.

Nehmen Sie mir nicht übel, daß ich Ihnen die Verse
von D. [2]) nicht schicken kan. Ich wünschte daß ich sie
selbst noch hätte, aber ich habe sie warhafftig verlohren,
oder gar in meinem alten Logis im Sacke liegen gelassen,
denn sie lagen auf meinem Tisch und ich habe weiter keine
Acht drauff gehabt. — Es gibt aber noch Leute genug, die
sie besitzen, denn der Verfasser hat mir geschrieben, daß er
Herrn Reichen [3]), Junius [4]), Marchen [5]), Lange [6]), Benell [7]),

---

1) Der Kupferstecher Johann Michael Stock, bei dem Goethe das
Radieren erlernte. Siehe: Dichtung und Wahrheit, Weimarer Ausgabe,
Tl. 2, S. 179—181. — 2) Nicht bekannt. Wahrscheinlich derselbe D.,
von dem in der oben erwähnten Zeitschrift „Fidibus" viele Gedichte zu
finden sind. Ob Karl Joseph Oehme? — 3) Philipp Erasmus Reich,
Buchhändler, Besitzer der Firma: M. G. Weidmanns Erben und Reich. —

Breitkopf und in Ihrer Nachbarschafft Exemplare hinge-
schickt habe. —

Ich habe es Fiekchen geschrieben wegen dem allzuver-
trauten Umgang mit C. und Reich. Ob sie meinem Rathe
folgen wird, weiß ich nicht. Die Mädchen handeln immer lieber
nach ihren eignen Köpfchen, und ein abwesender Liebhaber
ist eben so gut, als wenn er gar nicht in der Welt wäre. —
Nun nun, man muß sich trösten! Einmal in der Welt
muß man doch betrogen seyn, und für die Freude die man
genießt, so lange man geliebt wird, kan man sich schon
hernach den rauhen Wind der Unbeständigkeit unter die
Nase blasen lassen. —

Daß die Herrn mit ihrer Comödie sich lächerlich gemacht
haben, weiß ich. Gottlob hat mir einen Brief von 2 Bogen
geschrieben und die gantze Geschichte erzählt. — Er gestand
mir, der Vater hätte recht gehabt, es nicht zuzugeben. Ich
selbst hätte nicht mitgespielt, wenn ich noch da gewesen
wäre. Und mein Beichtpapa hat vollkommen recht den
Leuten die Meinung zu sagen, die ihre Kinder zu Comödi-
anten auferziehen.

Nun leben Sie wohl meine gute! — Thun Sie mir den
Gefallen und reden Sie wenn es möglich ist mit Fiekchen.
— Ich will auch bey Ihren ersten jungen Sohn Pathe seyn,
und Ihnen wenn Sie in den Wochen liegen zweymal zu
Essen schicken, wie es hier Mode ist. — Grüßen Sie mir
Ihr gantzes Haus recht vielmal und den Herrn Ober Ein-
nehmer und meine Jungfer Gevattern mit eingeschlossen. —
Stock ist ein Narr, daß er Sie nicht besucht. Ich habe

<hr>

4) Johann Friedrich Junius, Buchhändler und Rittergutsbesitzer, ein
Verwandter der Familie Weidmann. Siehe: Biedermann I, S. 249. —
5) Nicht bekannt. — 6) Nicht bekannt, wenn nicht Ernst Theodor Langer
damit gemeint sein soll. — 7) Nicht bekannt.

auch lange nichts von ihm gehört. — Schreiben Sie mir
was Fickgen gesagt hat! — Ich bin

Ihr

aufrichtiger Freund
Horn.

Göthe läßt Sie vielmal grüſſen.
Er geht nach Straßburg.

Für Horn rückte nun die in seinen letzten Briefen mehr=
fach erwähnte Promotion immer näher heran. Sie fand zwar
nicht, wie er meinte, noch vor Ostern, das auf den 15. April
fiel, wohl aber einige Tage nachher in Gießen statt. Am
19. April schrieb er an Käthchen, aus welchem Briefe
hervorgeht, daß er keine Kenntnis von der nahe bevor=
stehenden Hochzeit hatte, die am 7. Mai stattfand[1]). Dies
muß uns um so mehr wundern, als er, selbst wenn ihm Dr.
Kanne oder Käthchen nichts davon mitgeteilt hätten, doch
von Constantie hätte benachrichtigt werden können. Sollte
vielleicht seine Besorgnis nicht ohne Grund gewesen sein
und Constantie der aussichtslosen Liebelei ein Ende gemacht
haben? Wie auch der nun folgende Brief der letzte war,
den Käthchen von Horn erhielt:

---

1) Jahn (S. 40) und Biedermann (I. S. 291) geben als Datum
der Hochzeit den 7. März an, dies ist unrichtig, denn der Eintrag im
Traubuche der St. Nicolaikirche zu Leipzig lautet:

„Anno 1770 am 7. Mai.

Herr D. Christian Carl Kanne, Jurisconsultus und designirter Amt=
mann in Borna, ist mit seiner Verlobten Jungfer Annen Katharinen,
Herrn Christian Gottlob Schönkopf's, Bürgers und Weinschenkens
allhier ehel. einzigen Tochter, auf gnädigsten Befehl ohne Aufgeboth zu
Hauße Montag, am 7. Maii 1770 h. 6 vesp. von Herrn D. Christian
Gottfried Mathesio Archi. Diac. zu St. Nicolai allhier ehelich copuliret
worden." (Mitteilung der Zentralstelle für deutsche Personen= und
Familiengeschichte.)

68

Franckfurth den 19. April 1770.

Liebste Freundin

Sie nehmen mir es doch nicht übel, wenn ich Ihnen mit
einer kleinen Meß Commission beschwerlich falle? — Sie
haben mir vorm Jahre eh ich wegreiste solche schöne Coffee-
känngers gekaufft, daß ich wünschte noch mehr dergleichen
zu haben. — Sie werden sich vielleicht nicht mehr erinnern,
was es für welche sind, aber ich will es Ihnen sagen und
eins hier am Raude so gut ich kan abmahlen[1]. Sie sind
aus braunem Thon gemacht. — Nun von denselben hätte
ich nun gerne eins das zwey Portionen hält und ein
anders etwa zu drey oder vier. Sie dürffen nur eine
kleine Schachtel dazu kaufen und Sie packen daß sie nicht
brechen. — Überbringer dieses Briefs, mein Gemuths freund
der Jude Amschel, soll Sie wieder mitnehmen und Fleischer[2]
wird Ihnen das Geld davor wiedergeben. Der Jude
wohnt auf dem Brühl schief gegen der Hällischen Gasse
über. — Ich bin willens mich nach der Meße ehlich zu
verheurathen und da schaffe ich mir nun so nach und nach
Haußrath an. — Das Brautbette ist aber schon fertig
und mit der Braut? — eh nun, das wird sich schon geben.
— Ich wüste wohl was ich thäte, wenn Kätchen Schönkopf
nicht schon vergeben wäre, und da kämen Sie doch in eine
hübsche Familie nach Pegau, mein schönes Kind. — aber
ich sehe wohl, der Himmel hat uns nicht für einander
bestimmt, und wir würden uns doch gewiß recht gut dar-
gestellt haben, denn ich hätte mir ein Postamentgen machen
laßen, und ich versichre Sie, daß ich bey meinen Landes-

1) Hier hat Horn im Original ein kleines Kännchen gezeichnet. —
2) Der Frankfurter Buchhändler Johann Friedrich Fleischer, in dessen
Begleitung Goethe im Herbste 1765 nach Leipzig gereist war.

leuten Ehre mit Ihnen eingelegt hätte, denn wir haben
so kein schönes Kind in gantz Pegau. — Da sehen Sie
nun, wie Sie Ihr Glück mit Füssen getreten haben. — Ihr
Dokter mag wohl ein gantz guter Mensch seyn, aber er
ist doch kein Pegauer. —

Keinen vernünfftigen Brief dürffen Sie heute nicht von
mir erwarten, denn morgen werde ich Dokter und da
wissen Sie wohl, wie es einem zu muth ist, wenn man
mit einer disputation schwanger geht. — Aber Fleischer
soll Ihnen und Ihrem Dokter die Antwort auf Ihren
letzten Brief mitbringen, denn ich habe noch wichtige
Sachen mit Ihnen zu schwatzen, eh Sie den Dokter
heurathen. — Rathen Sie denn nicht, daß ich selbst der
erwünschte Sterbliche bin, der Sie glücklich machen
will? — Morgen bin ich ja auch Dokter und also eben
so gut, und die Pegauer Facultät gibt der Leipziger nicht
viel nach. — Überlegen Sie also wohl, was Sie zu thun
haben, denn wenn Sie mich haben wollen, so komme ich
itzo gleich mit Fleischern zu Ihnen, wenn Sie mir aber
den Korb geben? — Eh nun! da nehme ich Fickchen und
die wird mich eben so glücklich machen, als ich Sie mein
schönes Kind machen wolte. —

Gestern habe ich Riedeln[1] gesprochen. Er wird Ihnen
ein recht schönes Compliment mitbringen. —

Göthe ist vor 8 Tagen in Straßburg angekommen. —
Ich habe ihn bis nach Mayntz begleitet. Er wird Ihnen
wohl bald einmal schreiben. — Seine Gesellschaft thut
mir hier sehr ahnd. — Aber weil ich mich verheurathen
will, so will ich mir schon die Zeit vertreiben. — Ich
bedaure Sie nur, daß ich Sie nicht glücklich machen kan. —
Nun vergessen Sie mich aber und meine Coffekännges

---

[1] Nicht bekannt.

nicht und schreiben Sie mir, wenn Ihre Hochzeit ist. —
Küssen Sie Ihren Dokter von mir — und grüßen Sie
hundertmal Ihre Aeltern, Petern und meine Jungfer
Gevattern. —

Nichts vor ungut! mein Schönes Kind! —

Horn
pegauer doctorande.

Nach der Datierung dieses Briefes zu schließen,
müßte er am 20. April promoviert worden sein und sich
noch am 19. in Frankfurt befunden haben. Aus den
Akten der Universität Gießen aber ist ersichtlich, daß er
am 18. April dort sich in die Matrikel eingeschrieben hat,
als unerläßliche Vorbedingung zur Promotion, er muß
also schon an diesem Tage dort gewesen sein, ferner trägt
seine Dissertation das Datum des 19. April. Nun ist es
ja möglich, daß aus irgend einem Grunde, die Promotion
um einen Tag verschoben wurde, und daß er aus Versehen
den Namen seiner Vaterstadt an die Spitze des Briefes
setzte. Denn es ist bei den damaligen Verkehrsmitteln
kaum anzunehmen, daß er die ungefähr 13 Wegstunden
von Frankfurt entfernt liegende Stadt Gießen innerhalb
dreier Tagen zweimal aufsuchte.

Seine Dissertation behandelte eine staatsrechtliche Frage,
inwieweit der Annus Decretorius, d. h. das Normaljahr
1624, nach dessen Besitzstand, gemäß den Bestimmungen
des westfälischen Friedens, die religiösen Verhältnisse der
Katholiken und Protestanten in deutschen Gebieten sich
richteten, auf die Innungen der Handwerker, besonders in
der freien Reichsstadt Frankfurt, passe. Auf 36 weitläufig
gedruckten Quartseiten wird in 16 Paragraphen unter
Aufwand zahlreicher Literaturangaben die Lösung dieser

Frage in gutem Latein durchgeführt. Die den Behörden der Stadt Frankfurt gewidmete Differtation trägt den Titel [1]):

DISSERTATIO INAVGVRALIS IVRIDICA DE ANNO DECRETORIO CIƆ IƆC XXIIII QVATENVS IN COL-LEGIA OPIFICVM PRAECIPVE IN LIBERA IMPERII REPVBLICA FRANCOFVRTENSI CONVENIAT

QVAM ILLVSTRIS IVRISCONSVLTORVM ORDINIS AVCTORITATE IN ALMA LVDOVICIANA PRAESIDE D. FRANC. IVSTO KORTHOLTO ACADEMIAE PRO-CANCELLARIO PRO GRADV DOCTORIS RITE ET MORE MAIORVM OBTINENDO IN AVDITORIO SOLEMNI AD DIEM XVIIII APRIL. CIƆ IƆCC LXX PVBLICAE PROCERVM ACADEMIAE DISQVISI-TIONI SVBIICIET AVCTOR IOANNES ADAMVS HORN MOENO-FRANCOFVRTENSIS

GISSAE, APVD IOANNEM IACOBVM BRAVN, ACAD. TYPOGR.

Nachdem Horn durch feine Promotion das Recht zur Auf-nahme in die Advofatur feiner Vaterftadt erworben hatte, erfolgte diefe am 4. Mai 1770, ohne daß er, wie er einmal an Käthchen Schönkopf gefchrieben hatte, vorher nach Wetzlar ans Reichskammergericht gegangen wäre. Kurze Zeit nachher ward er durch eine Fopperei feines Freundes Goethe in Schrecken und Unruhe verfetzt. Am 7. Mai war die Erzherzogin Maria Antonia, die fpätere unglückliche Königin von Frankreich, auf ihrem Weg nach Paris durch Straßburg gefommen und glänzend gefeiert worden. Diefes Ereignis veranlaßte Goethe bald darauf

1) Exemplare in der Univerfitätsbibliothef zu Gießen und in der Frankfurter Stadtbibliothef.

an Horn einen Brief, von Versailles aus datiert, zu schreiben, worin er ihm seine glückliche Ankunft daselbst und seine Teilnahme an den dortigen Festlichkeiten mitteilte, ihm aber zugleich das strengste Stillschweigen über diese heimlich unternommene Reise gebot. Nun wollte es das Geschick, daß bei einem Feuerwerk, das die Stadt Paris dem neu= vermählten Kronprinzenpaar veranstaltete, durch ein Polizei= versehen in einer mit Baumaterialien versperrten Straße eine Unzahl Menschen mit Pferden und Wagen zu Grunde ging, und daß Goethe zu jener Zeit eine kleine Reise unternahm, die ihn vierzehn Tage von Straßburg entfernt hielt. Als dann Horn, der seinen Freund in Paris glaubte, während dieser Zeit nichts mehr von ihm hörte, mußte er annehmen, Goethe sei in jenes Unglück mit verwickelt. Er erkundigte sich bei dessen Eltern und anderen Personen, an die Goethe zu schreiben pflegte, ob keine Briefe ange= kommen seien, und da dies infolge der Reise nicht der Fall war, so ging er in großer Angst umher und vertraute es zuletzt den nächsten Freunden, die sich nun in gleicher Sorge befanden. Glücklicherweise gelangte diese Vermutung nicht eher zu Goethes Eltern, als bis ein Brief von ihm angekommen war, der seine Rückkehr nach Straßburg meldete.[1] Durch diesen in seiner Wirkung verfehlten Scherz wurde aber die alte Freundschaft nicht im geringsten getrübt, ja Horn scheint sogar der Mitwisser von Goethes Neigung zu Friederike Brion geworden zu sein, da uns Eckermann von einem Briefe Goethes an Horn vom Dezember 1770 berichtet: „in ihm zeigten sich schon Spuren vom „Werther“; das Verhältnis in Sesenheim ist angeknüpft, und der glückliche Jüngling scheint sich in dem Taumel der süßesten

---

1) Dichtung und Wahrheit, Weimarer Ausgabe, I. 2, S. 213/14.

Empfindungen zu wiegen und seine Tage halb träumerisch hinzuschlendern 1)."

Mit Horns neuer Tätigkeit als Rechtsanwalt wurden offenbar auch seine Beziehungen zu Leipzig immer weniger. Nur einmal noch benutzte er während der Herbstmesse 1770 eine Gelegenheit an Käthchens Vater folgenden Brief zu schreiben:

Franckfurt den 17ten 7bre 1770

Lieber Herr Schönkopf!

Ich habe gegenwärtiges Paquet an Sie addressiert, weil ich weiß, daß Sie es am besten besorgen werden. Ich habe dem jüngsten Breitkopf eine Commission gegeben, etwas für mich zu kauffen und ich bitte Sie, daß Sie es ihm bezahlen wollen. Herr Schiele 2) wird Ihnen das Geldt wieder zustellen, dem ich es aufgetragen habe auszulegen. Sie erzeigen mir dadurch einen Gefallen und ich wünschte, daß ich hier wieder zu Ihren Diensten seyn könnte. —

Nun wie geht es Ihnen denn sonst? — Sie sind ein glücklicher Mann! aber der hl. Christ soll Ihnen auch dafür ein Enckelchen mitbringen. Ich hätte gerne an Ihre jungen Leute mit geschrieben, aber erstlich haben sie mir auf meinen vorigen Brief noch nicht geantwortet, und zweytens habe ich itzo die Zeit nicht. Grüßen Sie mir sie aber hundertmal. Ich werde gewiß so lang ich lebe,

____

1) Eckermann, Gespräche mit Goethe. 6. Aufl. mit Anmerkungen von H. Düntzer, Leipzig 1885, II, S. 93. Dieser Brief und ein anderer an Horn vom Juli 1770, die beide am 11. April 1829 Eckermann in Händen hatte, sind nicht mehr vorhanden, „sie haben sich wider Erwarten nicht im Goethe-Archiv vorgefunden". Vgl. Goethes Werke, Weimarer Ausgabe, IV, 1, S. 278. — 2) Entweder Gerhard Schiele oder dessen Bruder Johann Georg, beide Kürschner und Rauchwarenhändler in der Fahrgasse.

das Schönkopfische Haus nicht vergessen, wo es mir so
gut gegangen ist. — Meine Stelle wird auf den Winter
wieder ersetzt werden, denn es kommen 3 Franckfurther
ehstens nach Leipzig von Göttingen. Dorn[1] wird sie mitbringen. Der Herr v. Ohlenschlager[2], Siegler[3], und
Reimherr[4]. Und mich sollen Sie auch bald wieder sehen,
gewiß noch vor Ihrem zweyten Enckelgen. Hernach solls
noch einmal so lustig zugehen. —

Unterdessen behalten Sie mich bis dahin hübsch lieb!
Gedencken Sie manchmal an mich! Grüßen Sie mir Ihre
gute Frau, den kleinen Peter und Herrn Ober Einnehmern.
— Leben Sie wohl! ich bin

Ihr

wahrer Freund

D. Horn.

Mit diesem Briefe, aus dem die dankbare Erinnerung
an das Schönkopfsche Haus spricht, war der Verkehr mit
diesen Freunden abgeschlossen; ob er mit Constantie noch
weiter bestand, erscheint nach Horns letzten Briefen an
Käthchen sehr zweifelhaft.

Als Goethe im August 1771 von Straßburg in seine
Vaterstadt zurückgekehrt war, fand er von älteren Freunden
und Bekannten an Horn den unveränderlich treuen Freund
und heiteren Gesellschafter[5], und als er am 31. August

---

1) Nicht bekannt. — 2) Johann Nikolaus von Olenschlager (geb.
1751, gest. 1820) ein Jugendgespiele Goethes. (Vgl. Dichtung und
Wahrheit, Weimarer Ausgabe, Tl. 1, S. 249). Später Ratsherr und
Schöffe, 1808 Fürstlich Primatischer Geheimrat. — 3) Franz Siegler.
geb. 11. Juli 1750, Sohn des Handelsmanns Georg Arnold S., wurde
später der Schwager Horns, Dr. jur. Advokat, gest. 10. März 1817
als Kriminalrat. — 4) Jakob Christian Reimherr (geb. 1750, gest. 1795)
Theologe. 1788 gräfl. Erbach=Schönbergischer Pfarrer in Gronau (?). —
5) Dichtung und Wahrheit, Weimarer Ausgabe, Tl. 3, S. 93.

ebenfalls in numerum advocatorum aufgenommen wurde, da werden diese beiden jungen Advokaten neben dem Jus auch manchen Jur getrieben haben. Während wir über Goethes Tätigkeit als Rechtsanwalt in ausreichender Weise unterrichtet sind, wissen wir von Horn nur das wenige, was in Verbindung mit der Tätigkeit seines Freundes steht, [1] da die Zivil-Prozeßakten jener Zeit, mit Ausnahme der von Goethe geführten Prozesse, am Anfange der siebziger Jahre des vorigen Jahrhunderts vernichtet wurden.

Wenn auch jetzt noch die beiden Jugendfreunde sich in gleichen Lebensstellungen befanden, so wird es kaum in ihrer Absicht gelegen haben, diese bis ans Ende ihres Daseins einzunehmen. Am ersten trat bei Horn eine Veränderung ein, denn Goethes Aufenthalt in Wetzlar vom Frühjahr bis Ende des Sommers 1772 unterbrach nur seine Tätigkeit als Rechtsanwalt, hob sie aber nicht auf. Horn aber wurde am 18. Mai 1773 Gerichtschreiber-Adjunktus mit einem jährlichen Gehalte von 300 Gulden und der sicheren Aussicht auf Anstellung als Gerichtschreiber nach dem Tode des altersschwachen Inhabers dieser Stelle, des Dr. jur. Joh. Georg Starck [2]. Hierüber berichtete Goethe am 27. Okt. an Langer mit den Worten: „Horn ist Gerichts Schreiber Adjunkt worden. Das trägt ihm jetzt 300 fl wenn der Alte stirbt, hat er 1000 fl und freye Wohnung. Er grüßt Sie vielmal [3]." So bald, als er vielleicht hoffte, trat aber für Horn die Änderung seiner Stelle nicht ein. Goethe

---

1) Vgl. Kriegk, Deutsche Kulturbilder aus dem achtzehnten Jahrhundert. Nebst einem Anhang: Goethe als Rechtsanwalt. Leipzig 1874. S. 334—337 u. 374. — 2) Die Gerichtschreiber waren studierte Juristen. Dr. jur. Johann Georg Starck war ein älterer Bruder von Dr. theol. Johann Jakob Starck, der 1756 Anna Maria Texter, eine Schwester von Goethes Mutter geheiratet hatte. — 3) Goethes Werke, Weimarer Ausgabe, IV, 2, S. 115.

war unterdessen ein berühmter Mann geworden und hatte seiner Vaterstadt den Rücken gekehrt, als aus dem Gerichts= schreiber=Adjunkten Horn am 12. Juli 1778 ein wirk= licher Gerichtschreiber wurde. Inzwischen hatte auch seine Leipziger Jugendliebe am 24. Januar 1771 geheiratet. Was war natürlicher, als daß er, nachdem er ein gutes Amt hatte, ein Mädchen, wenn es auch nicht seine Constantie war, glücklich machte? Am 19. November 1778 wurde er mit der am 17. Dezember 1757 getauften Tochter Regina Margareta des verstorbenen Bürgers und Handelsmanns Georg Arnold Siegler getraut. Dieser Ehe entsprossen zwei Töchter, von denen die ältere den Kaufmann Johann Jakob Ettling heiratete, die jüngere aber unverheiratet starb[1].

Die Jugendfreundschaft mit Goethe und der Umgang in dem anregenden Kreise, den er in Leipzig gefunden hatte, war nicht ohne Einwirkung auf Horn geblieben. Eine Bibliothek von nahezu tausend Bänden, bestehend aus juristischen, geschichtlichen und schönwissenschaftlichen Werken in deutscher, lateinischer, französischer und italienischer Sprache, zierte das Heim des einfachen Gerichtschreibers und mag ihm oft eine Trösterin in dem gewiß geistig nicht sehr erfrischenden Berufe gewesen sein. Unter den deutschen schönwissenschaftlichen Werken waren außer Goethe die Namen vertreten: Boie, Bürger, Cronegk, Gellert, Salomon Geßner, Gleim, Hagedorn, Haller, Jung=Stilling, die Karschin, Christian Ewald Kleist, Klopstock, Lessing, Lichten= berg, Moses Mendelssohn, Johann Martin Miller, Joh.

---

1) Vgl. die Stammtafel. Der Schwager von Horns ältester Tochter, Dr. jur. Joh. Ludwig Hetzler, der 1787 eine Tochter des Lic. jur. Gottlieb Ettling geheiratet hatte, war der Frau Rat Goethe 1794 beim Verkaufe ihres Weinkellers behülflich. Vgl.: Die Briefe der Frau Rath Goethe. Hrsg. von Albert Köster. I, S. 260.

Gottwerth Müller, Nicolai, Rabener, Ramler, Schiller Thümmel, Heinrich Leopold Wagner, Christian Felix Weiße, Zachariae und Johann Georg Zimmermann. Ferner die französischen Schriftsteller: Corneille, Rabelais, Racine, Rousseau und Voltaire [1]).

Ob Goethe in den Jahren 1779, 1792, 1793 und 1797, als er in seiner Vaterstadt kurze Zeit verweilte, seinen alten Freund Horn aufgesucht hat, wissen wir nicht; es ist aber wohl mit Sicherheit anzunehmen. Als sein sechzehnjähriger Sohn im Frühjahr 1805 sich einige Wochen in Frankfurt aufhielt, war auch der treue anhängliche Freund seines Vaters unter denjenigen Personen, die er besuchte und denen er sein Stammbuch zur Eintragung hinterließ [2]). Horn schrieb sich mit den nebenstehenden Worten ein.

Es war dies wohl die letzte Berührung mit Goethe, denn kaum ein Jahr hernach, am 9. April 1806, schied er aus dem Leben. Und als drei Tage darauf über den lang=jährigen Frankfurter Gerichtsschreiber Dr. jur. Johann Adam Horn sich das Grab geschlossen hatte, da wäre dieser vergessen worden, wie so viele viele andere vor und nach ihm, wenn ihm nicht das gütige Geschick einen Jugend=freund beschieden hätte, der, als ein Unvergessener, seiner in allen Ehren gedacht hat.

------

1) Nach dem im Frankfurter Stadtarchive aufbewahrten Kataloge der Versteigerung vom 25. Aug. uff 1806. Die „Jugendliche Ausarbeitungen bey müßigen Stunden" waren auch hier nicht vertreten. Für die 962 Nummern wurden 324 fl. 44 kr. gelöst. — 2) Über die Wanderung dieses Stammbuches in Frankfurter Familien siehe: Die Briefe der Frau Rath Goethe. Hrsg. von Albert Köster. II, S. 136.

Wer den Freund aufrichtig, unparteiisch, wie ein Kind achtung,
Frauen mit Höflichkeit, Arme mit gebücktem Gruß,
Stolze mit Schmunzeln, vornehme Menschen mit sanfter be-
lehrung, reicht nach ihrem Gemüth; — der ist der freundliche Mann.

Frankfurt a/m.
den 18 Junü. 1845.

Diese Zeilen sind durch Ihnen
auch schon da ... Schönes seind
alles Zugeständniss b?
J. A. Born, Dr.

Stammtafel.

Johann Ewald Horn
Bürger und Müller zu Frankfurt a. M.

Johann Peter Horn

Zeugschreiber und Ingrossist bei der Stadtkanzlei, getauft* 2. Juli 1711, gest. 9. Juli 1782; verm. 26. Februar 1748 mit Anna Ruppel, Tochter des Johann Adam Ruppel, Bürgers und ältesten Visierers, geb. 19. Jan. 1721, gest. 9. Januar 1799.

1) Johann Adam Horn

Dr. jur. und Gerichtsschreiber, geb. 10. Januar 1749, gest. 9. April 1806; verm. 19. November 1778 mit Regina Margareta Siegler, Tochter des verst. Bürgers und Handelsmanns Georg Arnold Siegler, getauft* 17. Dezember 1757, gest. 5. Mai 1820.

2) Peter

getauft* 17. Juli 1751, gest. 19. November 1751.

3) Maria Margareta

getauft* 14. Mai 1763, gest. 10. Oktober 1765.

1) Regina Margareta

geb. 28. Februar 1780, gest. 9. März 1838; verm. 25. Juni 1798 mit Johann Jakob Ettling, Bürger und Handelsmann, Sohn des verst. Lic. jur. Schöffen und Senators Gottlieb Ettling, geb. 11. Juni 1768, gest. 18. Dezember 1831.

2) Anna

geb. 22. August 1781, gest. 8. Oktober 1817.

---

* Das Geburtsdatum ist im Kirchenbuche nicht angegeben.

Jugendliche Ausarbeitungen

 bey

müßigen Stunden.

- - - - - - Pictoribus atque Poëtis
Quidlibet audendi, semper fuit æqua potestas.

An die Dichtkunst.

Gespielin meiner Nebenstunden,
Bey der ein Theil der Zeit verschwunden,
Die mir, nicht andern, zugehört.
O Dichtkunst, die das Leben lindert!
Wie manchen Gram hast du vermindert,
Wie manche Frölichkeit vermehrt!

von Hagedorn.
Oden und Lieder, 1stes Buch.

Geneigter Leser!

Selten findet man einen Schriftsteller, welcher nicht vor
seine, der Nachwelt, mitgetheilte Werke, sie mögen so
gering seyn, als sie wollen, eine kurze Vorrede gesetzt hätte;
Da nun der Verfasser dieser jugendlichen Ausarbeitungen
nicht gesonnen war dieselbige in den Druck zu geben, viel=
weniger die Absicht hatte sich dadurch gros zu machen, so
achtete er es auch nicht für nöthig, den Leser durch eine Vor=
rede von dem Endzweck seiner Gedichte zu benachrichtigen.
Wem fiel es also anderst zu als mir? So viel ich bereits
davon in Erfahrung gebracht, so geschahe es nur um seine
müßige Stunden nützlich und vergnügt hinzubringen. Ich
hoffe, der Leser wird sich, die Art und Weise wie mir diese
Gedichte zu Handen gekommen zu erfahren, keine Mühe
geben. Genug sie wurden mir zu Theil, und ich truge kein
Bedenken dieselbige zum Druck zu befördern. Solten sich
etwa in einigen Stellen Fehler befinden, so will ich den Leser
gehorsamst bitten: Dieselbige, theils wegen der Jugend des
Verfassers, und theils auch, weil sich derselbige den Druck
seiner Verse gar nicht vermuthet, gütigst zu übersehen.
Uebrigens empfiehlet sich der Gewogenheit des

Geneigten Lesers

Frankfurt,
den 11. des Christmonaths 1765.

der

Verleger.

(5)*) Vergleich

zwischen einem

Soldaten und Liebhaber,

oder der Vorzug der Jugend, in Kriegs- und Liebes-
Vorfallenheiten, in einer Rede in Versen abgehandelt
am 4ten August 1765.

> (6) Militat omnis amans, & habet sua castra
> Cupido.
>
> OVID. de art. amandi.

(7) Höret Freunde, was ich mich jetzt euch vorzutragen wage!
    Höret das was ich euch nun in geringen Versen sage,
Gern und willig, mit Vergnügen, ohne lange Weile an,
Daß der Dichter sich noch lange eure Gunst versprechen kan.

(8) Lange, Freunde, dacht ich nach, um ein Thema zu ergründen,
Unter zwanzig konnt ich kaum eins nach meinem Wunsche
                    finden.
Ja was sag' ich? unter zwanzig, glaubt es waren derer mehr!
Und doch freute die Erfindung mich auch nicht von einem sehr.
Bald vernahm ich, daß es sich nicht auf unsern Zustand schicke,
(Denn bey jedem dachte ich, jederzeit auf uns zurücke:)
Bald zu ernsthaft, bald zu lustig, schien der Hauptsatz mir
                    zu seyn,
Selten stimmete mein Wille mit demselben überein.
Soll ich Freunde euch anjetzt finstre Sachen her erzehlen?
Oder soll ein Sprichwort ich mir zum Hauptsatz auserwählen?
Soll in meiner ganzen Rede dieses meine Frage seyn:

---

*) Die in Klammern beigesetzten Ziffern bezeichnen die Seitenzahlen
des Originaldruckes.

84

Warum sprechen doch die Leute, Mutter seelig ganz allein?
So ein leer Geschwätze soll niemals meinem Mund entfahren,
Dieses will ich lieber noch bis in die Allee verspahren.
Soll ich fragen: Ob Henricus würklich schöne Vögel fieng?
Oder, ob der Alexander mit zu Cliti Leiche gieng?
Nein mit diesem will ich euch heute nicht die Zeit vertreiben,
Dieses laß ich, glaubt es mir, warlich von mir selber bleiben.
Doch womit wird mein Versprechen heut nach eurem Wunsch
        erfüllt?
Saget mir doch auf was Weise wird mein Wille jetzt gestillt,
Rathet mir was soll ich thun? soll ich wohl ein Sprüchwort
        nehmen
Soll ich Heinrichs Vogelfang auszulegen mich bequemen?
Soll ich ... doch ihr schweiget stille, gut, ich sehe deutlich ein,
Daß ihr nicht von diesen Dingen wollet unterhalten seyn:
Darum will ich jetzo gleich, alles andre fahren lassen,
Und mit rednerischem Geist, diesen vesten Entschluß fassen:
Solch ein Thema zu erwählen, das nicht finster denken macht
Und wobey man, statt des Tiefsinns, lieber fröhlich ist und
        lacht.
Dieses soll mein Entschluß seyn, und ich werde mich bemühen,
Daß ich mög' auf meine Seit jetzt den Gott des Scherzens
        ziehen.
Ich will handeln von der Jugend, in der Liebe, in dem Krieg,
Von Soldaten und Verliebten, und denn von der Jugend Sieg,
Oder deutlicher ich will, Freunde! euch den Vor=
        zug zeigen,
Den die Jugend in dem Krieg und im Lieben kan
        erreichen.
Eh' ich aber weiter gehe, wend' ich Muse! mich zu dir,
Stehe mächtig mir zur Seiten, o Thalia helfe mir!
Ohne dich, du weist es wohl, kan ich nichts zu Stande bringen,

Drum o Muse helfe mir, jetzt der Jugend Lob besingen!
Freunde! dieses könnt ihr glauben, daß verliebte Krieger sind.
Jeder Liebende der streitet. Ist auch schon Cupido blind;
Schlägt er doch ein Lager auf. Jugend die gehört zum kriegen,
Und zum lieben ebenfalls. Niemand kan im Alter siegen.
Kraftlos ist man zu dem Kämpfen, zu dem Lieben fehlt die
Kraft,
Die Soldaten und Verliebten den erwünschten Sieg verschaft.
Scheinet es nicht lächerlich; wenn die alten Junggesellen,
Sich der muntern Jugend gleich, wollen wie Verliebte stellen.
Jeder der sie nur erblicket, siehet ihre Thorheit ein,
Stellen sie sich noch so lustig; so geschieht es nur zum Schein.
(12) Was erblicket man nicht da vor gezwungene Gebehrden?
Sie sind selbsten Schuld daran, wenn sie ausgelachet werden.
Kommt Cardenio des Morgends spath zu seiner Liebsten hin;
Spricht er: nehmen sie nicht übel wenn ich spat gekommen bin.
Weiter Freunde, spricht er nichts, das sind seine Compli=
menten.
Bucklich steht er vor ihr da, spielt mit seinen eignen Händen,
Hustet, räuspert sich und gähnet, und nach einer langen Zeit,
Spricht er: Schauen sie Madame, es ist schönes Wetter heut:
Und vom Reden müd und matt, wirft er seine alten Glieder,
Neben seine Liebste hin auf das Kanape darnieder.
Sind sie nun zusammen einig, daß das Wetter heute schön,
Wird fast eine Viertelstunde, ohne Reden, noch vergehn.
(13) Statt daß sie Cardenio länger sollte unterhalten,
Legt er lieber sein Gesicht, oder die Manschett in Falten.
Und indem er, bald sich selbsten, bald die Stube stark besieht,
Höret er die Glocke läuten, die ihn sonst zu Tische zieht. . . .
Ach, wer hätte dies gedacht? hört man ihn verwundert fragen,
Daß es zwölfe, eh ich mir es vermuthet, würde schlagen: . . .
Doch erinnert mich mein Magen, daß ich jetzo essen soll,

86

Drum Madame GOtt befohlen, leben sie vergnügt und wohl!
An der Thüre macht er noch ihr zwey tiefe Complimente
Und so nimmt denn der Besuch auf den ganzen Tag ein Ende.
Wer wird nicht darüber lachen, wenn ein solcher alter Mann,
Sich in seinen alten Tagen noch also vergehen kan?
(14) Sollte er es nicht vorher, bey sich selbsten wohl bedenken?
Und nicht seinen alten Sinn auf verliebte Sachen lenken:
Denn was hat er nicht vor Schande? und wie wird er aus=
       gelacht,
Wenn ein Strohmann vor der Thüre ihm den Ausgang strittig
       macht?
Doch die muntre Jugend hat dieses gar nicht zu erwarten,
Denn sie weiß, in diesem Stück es noch besser abzukarten.
Lange wartet Crisandite auf den jungen Herrn Elmir,
Und eh sie sich's noch versiehet stehet er geputzt vor ihr;
Seht, wie ist er so geübt in galanten Complimenten!
O wie weis er sich so schön auf dem Absatz umzuwenden!
Alles ist an ihm Französisch, von dem Kopf bis auf die
       Schuh. . . . .
Doch eh er was anders redet, fragt er gleich nach ihrer Ruh:
(15) Ziemlich, ist die Antwort drauf, und dann spricht sie zu
       Elmiren:
Können sie den Abend mich denn wohl in die Oper führen?
„O sie dörfen nur befehlen, dazu bin ich stets bereit,
„Seyn sie aber nur so gütig und bestimmen mir die Zeit!
Dieses kan ich, Herr Elmir! ihnen jetzo noch nicht sagen.
Kommen sie doch nur zu mir, wenn es sieben hat geschlagen.
„Ganz gewiß, es soll geschehen. Doch wie allerliebst und schön,
„Stehet ihnen nicht anheute dieser neue Andriene!
„So ein Anzug findet nicht leichtlich einen seines gleichen,
„Die galanste Dame muß heute Crisanditen weichen!
Sie belieben nur zu scherzen, o sie sprechen davon nicht!

Diese Endriene stehet mir nicht gut in das Geſicht. . . . . .
(16) Doch was ſeh ich, Herr Elmir? darf ich meinen Augen trauen?
Bin ich endlich ſo beglückt, Borden a la greck zu ſchauen?
Sie gelangeten am erſten in der Stadt zu dieſem Zweck,
Auch ſogar an ihren Strümpfen ſind die Zwickel a la greck.
„Es erfreuet mich Madame, daß ich vor den andern allen,
„Endlich kan ſo glücklich ſeyn, ihnen einmal zu gefallen.
„Doch es ſind nicht nur die Zwickel die man a la greck erblickt,
„Auch die Halsbind und die Weſte ſind auf dieſe Art geſtickt.
Meine Herrn! ich könnte jetzt noch verſchiedne andre Dingen
Von dem jungen Herrn Elmir, mit in dieſe Rede bringen,
Was ihm ferner Criſandite noch darauf zur Antwort gab,
Nebſt der ganzen Unterredung. . . . Doch ich breche davon ab.
(17) Heute, Freunde, will ich nicht von den neuen Moden ſprechen.
Heute bin ich nicht geſinnt mich an dem Elmir zu rächen.
Dieſes kan ja, meine Freunde, auf ein andermal geſchehn,
Von Elmiren will ich jetzo wiederum zur Sache gehn.
Und warum ich dieſe zwey, ließ in meine Rede ſchleichen,
War: um euch den Unterſchied zwiſchen alt und jung zu
                                             zeigen.
Die Verliebten ſind im Alter, wie die alten Krieger ſchwach,
Und nichts giebt dem frohen Siege von der muntern Jugend,
Hat wohl je ein General alte Leute angeworben?   [nach.
Leute wo die Jugend iſt mit den Kräften abgeſtorben.
Wer verdenket es der Dame, die den Alten von ſich treibt?
Der bey ihren Schmeicheleyen immer unempfindlich bleibt.
(18) Jugend zieret den Soldat, Jugend iſt Verliebten eigen,
Tapfrer kan man ſich im Krieg, muntrer in der Liebe zeigen,
Nicht das Waſſer, nicht das Feuer, ſcheut ein junger Krieges=
                                             Held
Und die Zierde ſeiner Waffen iſt ihm lieber als das Geld.
Der Verliebte, welchen veſt unſichtbare Ketten binden,

Folget seiner Liebsten nach, läßt sich niemals träge finden.
Gehet ihr nicht von der Seiten, wo sie ist, da ist er auch.
(Dieses ist bey den Verliebten gar ein löblicher Gebrauch.)
Und ein junger Krieges Held, eh er wird den Angrif wagen:
Höret man vorher ihn erst nach der Zahl der Feinde fragen.
Hat er dieses nun erfahren, ist er nur darauf bedacht:
Solch ein Mittel zu erfinden das den Angrif leichter macht.

(19) Diß thut ein Verliebter auch, ehe er sich frey erkläret,
Schaft er erstlich aus dem Weg was ihn in der Liebe stöhret.
Seiner Liebsten zu Gefallen, rühmet er was schlechtes oft,
So gelangt zu seinem Zwecke er auch öfters unverhoft.
Und je mehr ein Hagestolz dieses suchet nachzumachen:
Desto mehr sieht man die Welt über seine Thorheit lachen.
Denn gleichwie umsonst ein Feuer, kraftloß in den Stoppeln
Also ist auch jeder Alter, der zur Liebe sich bekennt. [brennt:
Jede Arbeit dünkt ihm schwer, jede wünscht er überstanden.
Und doch fürchtet er sich nicht vor den schweren Liebes=Banden
Welche Thorheit? Was für Preise träget er zuletzt davon?
Nichts als lauter Spott und Schande sind nur seiner Liebe
                                                  Lohn.

(20) Und was kan ein General sich vor einen Sieg versprechen,
Wenn er sich an seinem Feind will durch alte Leute rächen?
Was für schlechten Wohlgefallen, hat die junge Dame nicht,
Wenn ihr Liebster, statt des Scherzens, von vergangnen
                                                  Zeiten spricht?
Hat er gar das Podagra, oder sonsten ein Gebrechen:
O so wird er immerfort von dem üblen Pflaster sprechen,
Oder er bereut die Kosten bey dem Absatz von dem Geld. . . .
Um nicht völlig still zu schweigen: schmält er auf die böse Welt.
Und damit das schöne Kind ihn nicht mögte ganz verachten;
Spricht er lieber vom Gewinst, von Procenten oder Frachten.
Freunde daraus könnt ihr sehen daß das Alter den Genuß

Einer jugendlichen Liebe ganz und gar entbehren muß.
(21) Drum sprach jener Medicus: „Wenn ihr einmal sechzig zehlet;
„Ist die edle Zeit vorbei daß ihr eine Liebste wehlet.
„Trinkt kein mineralisch Wasser, badet euch auch nicht darinn,
„Laßt nicht gar zu oft zur Ader, folget meinem treuen Sinn!
„Schwächet Freunde nicht so sehr eure matten Lebensgeister,
„Sonsten wird der blasse Todt ohnvermuthet euer Meister.“
Merkt euch dieses meine Freunde, folgt des alten Arztes Rath,
Liebt in euren jungen Jahren, in dem Alter ists zu spath.
Laßt die euch so edle Zeit eurer Jugend nicht verstreichen!
Jetzt könnt ihr das harte Herz eurer Liebsten noch erweichen,
Allen Kummer, Müh und Arbeit, achtet ihr anjetzo nicht,
Weil es euch an Muth und Kräften, in der Jugend, nicht
gebricht.
(22) Faßt ihr endlich noch den Schluß: vor das Vatterland zu sterben,
Könnt ihr euch, dieweil ihr jung, noch den grösten Ruhm
erwerben.
Streit und Lieb erfordern Jugend. Folget Freunde meinem
Rath:
Liebt in euren jungen Jahren, in dem Alter ists zu spath!

(23) Abschieds-Rede

gehalten am 8ten September 1765. als sich die wöchentliche Zusammenkunft auf dem Hörsaale trennete, und
als etliche gute Freunde Frankfurt verliessen.

(24) Mens pia, mens hilaris, virtutum est artis
amatrix,
Hae sunt divitiae, quas Studiosus habet.

(25) Vernehmet werthe Freunde anjetzo mein Gedicht!
    Hört, was ein kühner Dichter zu euch in Versen spricht,
Geneigt und gütig an. Ich werde mich bemühen,
Nur das was euch gefällt auf meine Seit zu ziehen.
Doch nicht des Scherzens wegen bin ich anjetzo da;
Der Abschied meiner Freunde der geht mir viel zu nah.

(26) Heut kan mein Geist sich nicht zum frohen Denken zwingen,
Da ich die Traurigkeit des Abschieds will besingen.
Heut ist es mir unmöglich zu machen daß ihr lacht,
Der Abschied meiner Freunde hat mich betrübt gemacht.
Wenn ich denselben anjetzo überlege,
Wenn ich ihn bei mir selbst mit allem Ernst erwege;
So sagt, wie kan ich dieses gelassen übersehn?
Da meine besten Freunde anjetzo von mir gehn:
Kan nicht das Freundschafts-Band sich in der Fremde trennen?
Kan ich diejenigen hinfort noch Freunde nennen,
Die weit von mir entfernet, die ich nicht mehr erblick?
Denkt in der Fremde einer wohl noch an mich zurück?

(27) Vielleichte kann es seyn! allein wer kan es wissen?
Wer kan anjetzo schon auf jene Zukunft schliessen? ...
Doch weg mit dem Gedanken! hieher gehört er nicht.
Wie kam er doch nur immer anjetzt in mein Gedicht?

Ich bin ja nicht allhier um es euch vorzuwerfen,
Um die Erinnerung an mich euch einzuschärfen.
Es steht bey euch o Freunde! bey eurer Gütigkeit,
Wenn ihr euch mein erinnert und mich damit erfreut:
Vorjetzo will ich mich nun dabey nicht verweilen,
Ich will vielmehr getrost zu meinem Endzweck eilen,
Vernehmet derohalben mein trauriges Gedicht.
Hört, was zum letztenmale mein Mund jetzt zu euch spricht
(28) Geneigt und gütig an. Ich steh an diesem Orte
Als Abschieds-Redner da. Merkt Freunde meine Worte!
Vom schwarz behängten Stuhle erthönt mein Abschieds-Lied.
Hier ist geliebten Freunde das traurige Gebiet.
Hier werden wir getrennt, wir die wir lange Zeiten
Die beste Freunde sind. Hier sollen wir uns scheiden.
Euch werthgeschätzte Freunde macht nun mein schwacher Mund
In diesen kurzen Versen das letzte Redgen kund;
O wär es Freunde doch so bald noch nicht vonnöthen!
O müßte ich noch lang nicht von dem Abschied reden!
Doch es ist nicht zu ändern des Schicksals harter Schluß
Ist, daß ich nun anjetzo vom Abschied reden muß.
(29) Du Muse steh mir bey! sonst kan mir nichts gelingen,
O Freundin! helfe mir ein Abschieds-Liedchen singen.
Dir ist es zuzuschreiben, wenn mir ein Lied gelingt,
Ja dir gebührt die Ehre, wenn schön dein Diener singt.
Ihr wißt es Freunde nun, warum ich hier erschienen,
Ihr sehts an diesem Stuhle, ihr sehts an meinen Mienen,
Daß ich nicht hier zum scherzen, nicht zu dem tadlen bin.
Es liegen keine Träume anheute mir im Sinn
Die ich erzehlen will. Kein Reich der Complimenten
Soll heute meinen Geist vom rechten Wege wenden,
Ich will vom Abschied reden, wie sehr er meine Ruh
Seit langer Zeit gestöhrt. Ihr Freunde hört mir zu!

92

(30) Wie ist mir? Himmel! wie? wie kan ich mich entschliessen
     Auf diesem Stuhl zu stehn? Ich soll nicht mehr geniessen
     Des Umgangs meiner Freunde, der mich so oft ergötzt.
     Ihr wißt nicht die Betrübniß in die ihr mich versetzt!
     Wie kan es anders seyn? Stellt euch an meine Stelle,
     Gewiß mein Kummer fließt aus einer reinen Quelle.
     Bedenket bey euch selbsten ob es nicht schmerzlich ist,
     Wenn einer unsrer Freunde zum Weggehn sich entschließt?
     Ihr habt es wohl vielleicht auch selbsten schon erfahren,
     Daß es empfindlich ist, wenn Freunde lange Jahren
     Einander hochgeschätzet, sich immerfort geliebt,
     Wie sehr alsdenn der Abschied sie beyderseits betrübt:
(31) Erinnert euch daran und schließt auf diese Zeiten,
     Da wir als Freunde nun hier von einander scheiden.
     Im Winter wie im Sommer vergienge fast kein Tag,
     Daß keiner nicht den andern besucht und mit ihm sprach.
     Wir wurden unter uns von Tag zu Tag bekannter,
     Wir giengen in die Kirch, ins Schauspiel miteinander,
     Auch auf der Promenade war keiner nie allein.
     Wo einer hinverlangte, wollt' auch der andre seyn.
     Es hat uns manchesmal ein muntrer Scherz vergnüget,
     Doch hat auch oft der Ernst in unsrer Brust gesieget.
     Mit einem Wort: wir lebten in steter Einigkeit,
     Kaum weiß ich mirs zu denken daß wir uns je entzweyt.
(32) Und jetzt auf einmal soll sich diese Freundschaft trennen,
     Die Freundschaft die gewiß recht brüderlich zu nennen.
     Wie könnt Ihr euch entschliesen? daß ihr den Vorsatz faßt,
     Und nun in wenig Tagen die Vaterstadt verlaßt,
     Wollt ihr euch so geschwind hinweg zu gehn bemühen? . .
     Wie bald faßt ihr den Schluß aus Frankfurt wegzuziehen!
     Die Zahl wird immer kleiner von Freunden die vereint,
     So wie die Zahl der Sterne allmählig schwächer scheint.

Ihr eilt nunmehr hinweg und ich, ich bleib zurücke
Ich bin dazu bestimmt, ja mich hat das Geschicke
Nun dazu auserkohrn, ihm muß ich mich ergeben
Ich kann dem Willen nicht des Schicksaals widerstreben.
(33) Drum sag: was nutzt das Grämen? Was nutzt der bittre
Schmerz?
Warum willst du dich quälen, mein so betrübtes Herz?
Was nutzt dein Kummer dich? Was helfen deine Klagen?
Weswegen willst du dich denn so vergeblich plagen?
Thu Einhalt deinem Kummer der dir viel Schmerz gebracht,
Der bis auf diese Stund dich so betrübt gemacht.
Wohlan es soll geschehn, ich will den Vorsatz fassen,
Weils nicht zu ändern ist. Mich soll der Schmerz verlassen
Der mich bisher geängstet. Was quäl ich mich darum?
Die Freundschaft meiner Freunde bleibt doch mein Eigen-
thum,
Denn ihr versprecht sie mir. Drum weg mit bangen Sehnen!
(34) Ich will mich wiederum zur Munterkeit gewöhnen.
Wollt ihr auch in der Fremde noch meine Freunde seyn;
Wie schön trift dann mein Hoffen und Wünschen endlich ein!
Ich sprach im Anfang zwar: mir soll kein Scherz gelingen,
Ich wollte heute nur von eurem Abschied singen.
Allein wie kan ich halten was Anfangs ich versprach?
Es ist mir ganz unmöglich, daß ich an diesen Tag
Von lauter Kummer sprech. Sie alle meine Herren
Sind jetzo nicht allhier um Klagen anzuhören
Die ich des Abschieds wegen von diesem Stuhle führ.
Ich bin nicht blos zum Klagen und zum Bedauren hier.
(35) Es ist mir freilich leid, daß ihr euch vorgenommen
Aus Frankfurt wegzuziehn, doch werden Zeiten kommen
Da wir uns mit Vergnügen einander wieder sehn.
Die Zeit von eurem Wegseyn wird auch vorüber gehn,

Eh man daran gedenkt wird sie uns noch verfliegen,
Wie werden wir uns denn dereinsten nicht vergnügen!
Wenn wir uns ohnvermuthet in unserm Vaterland
Erfreulich wiedersehen. Dann wird das Freundschafts Band
Das uns schon hier verband, vergnügt erneuert werden,
Dann ist uns dieser Tag der glücklichste auf Erden.
Wir werden mit einander aufs neu dereinst vereint,
(36) Ob uns schon hier der Abschied noch so empfindlich scheint.
Ich hoffe daß ich hier wohl richtig prophezeihe;
Wenn ich im Sinne schon den Freundschafts-Bund erneue.
O träfen meine Wünsche doch alle richtig ein!
Wer würde wohl vergnügter als ich darüber seyn?
Drum laßt uns frölich seyn! Wir haben noch zu hoffen
Die Freude, wenn dereinst mein Wünschen eingetroffen.
Verbannet allen Kummer und Schmerz aus eurer Brust,
Euch sey nichts von Betrübniß und Traurigkeit bewust.
Ich selbsten will es thun, ich will den Kummer fliehen,
Und nicht mehr meinem Geist den muntern Scherz entziehen.
(37) Folgt Freunde! dem Exempel das Euch mein Mund hier giebt,
Vergeßt mit mir anjetzo das was euch sonst betrübt!
Zieht fort von Frankfurt weg! verlasset die Verwandten,
Seyd bey dem Abschied froh! Seyd froh bey den Bekannten,
Wenn ihr zum letztenmale mit ihnen euch besprecht!
Ihr habt alsdenn zum Frohseyn das allergröste Recht.
Ihr laßt sie zwar zurück, allein es muß geschehen,
Ihr könnt nicht immerfort an ihrer Seite stehen.
Einmal ist es beschlossen. Euch hält nichts mehr zurück,
Kein Freund, kein Anverwandter, nicht einer Schönen Blick.
Ihr achtet alles nichts. Was ihr jetzt vorgenommen,
(38) Das soll und muß gewiß in die Erfüllung kommen.
Um dem gemeinen Wesen dereinstens vorzustehn,
Sieht man euch mit Vergnügen anjetzt aus Frankfurt gehn.

Der eilt nach Leipzig hin und träget ein Verlangen,
Um dort den Dichter Cranz und Namen zu empfangen.
Doch seyd ihr zwar nicht alle ganz einerley gesinnt,
Denn jeder geht in Städte wo er Belieben findt.
Ein anderer beschließt in Göttingen zu leben
Und will alldorten sich dem Justinian ergeben.
Noch einer geht nach Marburg und suchet da sein Glück,
Kommt als ein Rechtsgelehrter ins Vaterland zurück.
(39) Nun Freunde ziehet hin! verlasset Frankfurts Mauren!
Seyd frölich immerfort, euch quäle nie ein Trauren,
Es sey aus eurem Herzen was Kummer macht verbannt,
Doch denket auch zuweilen an euer Vaterland!
Denkt an die Freunde die in Frankfurts Triften wohnen,
Ihr könnet ihre Treu mit anders nichts belohnen:
Als wenn ihr eure Sinnen an sie zu schreiben lenkt,
Und denenselben manchmal ein kurzes Briefgen schenkt.

Herr G * *

Nun du geliebter Freund! der du nach Leipzig eilest,
Verlaß dein Vaterland! was hilfst wenn du verweilest?
(40) Zieh froh ins muntre Sachsen, wohin du lang getracht.
Ins Land wo man die schönste und beste Verse macht.
Verwechsele nunmehr den Maynstrom mit der Pleiße.
Ich wünsche dir mein Freund von Herzen gute Reise.
Du hast von Kindesbeinen der Dichtkunst nachgestrebt,
Drum zeig' uns daß dich diese mehr als das Jus belebt.
Eil' zu den Musen hin die an der Pleiße wohnen!
Sie werden dorten dich und deinen Fleiß belohnen.
Zeig' daß dir deine Muse noch immer günstig ist,
Und daß du auch in Leipzig, wie hier, ein Dichter bist.

Gewiß Minerva lohnt noch einstens dein Bemühen,
41) Es wird dir nicht Apoll den Lorbeerkranz entziehen;
Denk auch an mich bisweilen, wenn du an Frankfurt denkst,
Daß du mir manchesmalen ein kurzes Briefgen schenckst.
Reist uns kein schneller Tod in unser Grab darnieder;
So sehn wir uns vielleicht am allerersten wieder.
Wenn ich nach Leipzig komme; denn werden wir o Freund!
Nach einer kurzen Trennung aufs neue dort vereint.
Dann werde ich vergnügt in Leipzigs schönen Auen,
Dich, werthgeschätzter Freund! mit größrer Freude schauen.
Wohlan, so scheid von uns! doch Freund erinnre dich,
An alle deine Freunde und manchesmal an mich!

42)   Herr M * *

Und du mein werther Freund den ich schon lang verehre!
Jetzt kan ich nicht umhin, daß ich zu dir mich kehre.
Auch du hast es beschlossen von Frankfurt weg zu ziehn,
Du reißest aus dem Lande das dir sonst lieblich schien.
Dich hält kein Freund zurück, nichts kan dir widerstreben,
Du willst in Göttingen dich nun dem Jus ergeben.
Wollt ich dir widerrathen, so wäre ich ein Thor,
Du ziehst das Corpus Juris jetzt allem andern vor.
Du suchst den Codicem dir deutlich vorzustellen,
Und dich vergnügen nur Pandeckten und Novellen.
43) In dir erblickt einst Frankfurt den besten Advocat.
Es wünschen die Clienten schon dich und deinen Rath.
Wie frölich wirst du seyn, wenn der Clienten Haufen
Wo du Processe führst, nach deinem Hause laufen!
Dann wird es von dir heisen: Das das ist ein Jurist,
Bey welchem doch noch Hülfe und Rath zu finden ist!

Dann Freund! wird man dich stets verlangen und begehren,
Man wird dich immerfort und deine Schriften ehren.
Wohlan mein Freund! so lerne in Göttingen das Jus,
Ich wünsche dir noch alles anjetzo zum Beschluß,
Was man nur wünschen kan. Es folgen lauter Freuden
Dir auf dem Fusse nach! Verbannt sey alles Leiden!
(44) Es quäle nie ein Kummer noch Schmerzen deine Brust!
Processe auszuführen, das sey nur deine Lust.
Leb' wohl, geliebter Freund! ich trage ein Verlangen,
Dich als ein Advocat in Frankfurt zu umfangen.
Erinnere dich meiner, wenn du an Freunde denkst.
Und wenn du deine Sinnen nach deiner Heimath lenkst.

Herr R * *

Auch dich geliebter Freund! kan ich nicht übergehen,
Was andern ich gewünscht, soll auch an dir geschehen.
Du eilest nun nach Marburg, ich wünsche dir viel Glück!
Doch denke auch zuweilen an deinen Freund zurück!
(45) Erlern die Rechte nun, dann wirst du glücklich leben,
Ich selbsten will dereinst mich Justinian ergeben.
Befleisige dich dorten der Rechts=Gelehrsamkeit,
Im Codice zu lesen das sey nur deine Freud'.
Dann wirst du dermaleinst Clienten hier beschützen. . . .
So ziehe nun ins Land, wo grose Degen blitzen!
Verlasse frölich Frankfurt, doch denk' als ein Jurist:
Daß man nicht seine Freunde in Marburg ganz vergißt.

Ihr Freunde die ihr jetzt aus unsern Mauren eilet,
Hört noch den kurzen Rath den euch mein Mund ertheilet:

98

Lebt jederzeit in Freuden! seyd frölich wo man lacht,
Und schaft aus eurem Sinne was bittern Kummer macht.
(46) Verlasset Frankfurt gern, zieht froh in jene Auen,
Und fangt alldorten an euch euer Glück zu bauen.
Eilt zu den Musen-Sitzen, befestigt euer Glück,
Und kommet als Gelehrte ins Vaterland zurück.

Herr G * * und Herr M * *

Euch zweyen, danke ich im Namen dieser allen.
Ihr habt uns öfters hier im Reden wohlgefallen.
Wie öfters machte euer sowohl beredter Mund,
Zu unsrer grösten Freude, uns eine Rede kund.
Wir danken vor die Müh' die ihr euch oft gegeben.
Durch Reden mancher Art den Geist uns zu beleben.
Behaltet diese Uebung auch in der Fremde bey;
(47) Dann werdet ihr empfinden, wie nützlich daß sie sey.
Wie gerne wünschten wir noch länger eure Lehren!
O! könnten wir noch euch und eure Reden hören,
Doch es ist nicht zu ändern. Wir danken euch vor die
So ihr bisher gehalten. Habt Dank vor eure Müh'.
Habt Dank vor euren Fleiß den ihr daran gewendet!
Es schmerzt uns, daß so früh sich diese Uebung endet.
Jedoch was ist zu machen? Es ist des Schicksals Schluß.
Dem ohne Widerrede, man sich ergeben muß.

An die Versamlung.

Heut Freunde! sind wir hier zum allerletztenmale,
Als Redner sind wir nun nicht mehr auf diesem Saale.

Ich war von uns der letzte, der redend hier erschien.
Weil unsre besten Redner anjetzt aus Frankfurt ziehn;
(48) So werde ich hinfort mich nicht mehr unterstehen,
Zur sonst gewohnten Zeit, zu diesem Stuhl zu gehen.
Drum dank' ich unterthänigst vor eure Gütigkeit:
Daß ihr mit eurem Daseyn mich heute noch erfreut:
Mit eurer Gegenwart habt ihr mich jetzt beehret,
Ich danke Euch davor daß ihr mich angehöret.
Ich geh' von diesem Stuhle nunmehr vergnügt nach Hauß
Und bitte mir nichts weiters als eure Freundschaft aus.
Wollt ihr dieselbige durch Proben mir beweisen;
So werde ich dadurch mich stets glückselig preisen.
Ich schliesse diese Rede anjetzo Hofnungsvoll,
Bleibt immer meine Freunde, und lebt vergnügt und wohl!

₍₄₉₎ Das Pochspiel,
oder die glückliche Bellinde,

ein Heldengedicht in drey Gesängen.

(51) Erster Gesang.

Muse! die du mir noch nie deinen Beystand abgeschlagen,
Abermals will ich es jetzt, Freundin! dich zu bitten wagen:
Stehe mächtig mir zur Seiten! mache daß mein Lied gelingt!
Helfe deinem treuen Diener, wenn er von dem Pochspiel singt!
Pochspiel! ja dich rühmt mein Mund, dich erheben meine
Lieder!
Wer nur einmal dich gespielt, o! gewiß der spielt dich wieder.
Du bist würdig daß man von dir in gereimten Silben spricht.
Einen Dichter der dich ehret, den verläßt die Muse nicht.
(52) Wer hat je ein schönres Spiel, als wie du bist, angetroffen? ...
Deine Diener haben all kein geringes Glück zu hoffen.
Billig bist du weit erhaben über alles andre Spiel.
Dich der Nachwelt anzupreisen, sey jetzt meiner Wünsche Ziel!
Glücklich ist, der dich erfand! Niemals wird sein Ruhm
vergehen.
Ja sein Name wird noch späth über jedem Pochbret stehen.
Es verdienet dein Erfinder daß man seiner nie vergißt,
Der ist würklich hoch zu schätzen, der des Pochspiels Autor ist.
Ja so lang es mir gedenkt blüht der Pocher unter allen,
Niemals wird dies schöne Spiel in sein erstes Nichts zerfallen.
Unter allen andern Spielen, die man je erfunden hat,
Ist das Pochspiel das berühmste. Schöner als das Schnabradat.
(53) Schöner als das l'Homberspiel, Reversino, Pacht, Quatrille,
Domino und Caslabeth, Schach, Tarock und Doquetille.

Ist wohl einer je gewesen, dem der Pocher nicht gefiel?
Billig ist er vorzuziehen dem Mariage= und Gänsespiel.
Auch noch vor dem Pharao ist der Vorzug ihm zu gönnen....
Doch wer kan die Spiele all, die er übertrift, benennen?
Schweig davon geliebte Muse! denn es weiß es jedermann,
Daß man auf der ganzen Erde nichts beliebters spielen kan.
Von dem allerreichsten Mann, bis auf den geringsten Bauer
Wird der Pocher stets geliebt. Ja es rühmt der Bierbrauer:
Wie derselbe ihm noch immer Gäst in groser Zahl gebracht.
Kurz, man findet selten einen, der sich nichts vom Pochen macht.
(54) Jetzo Muse! sage mir: wie Bellinden es geglücket.
Daß sie durch des Pochers Macht jetzt ihr eigen Hauß erblicket.
Dazu sie das Geld vorhero auf dem Pocher froh gewann.
O! beschreibe mir die Freude von Crispinen ihrem Mann,
Welcher durch des Pochers Glück, Gelder auf Intressen leget,
Die Bellinde in dem Spiel pochend zu gewinnen pfleget.
Singe von Bellindens Glücke, wie es seinen Anfang nahm,
Und wie durch die Pochergelder einst ein Hauß zu Stande kam:
Lange schien die Sonne schon. Ihres Lichtes starker Schimmer,
Drange durch die Vorhäng sich in Bellindens Bett und
                                    Zimmer.
Von dem frohen Masquen=Balle kam der Stutzer schon zurück,
Und der muntre Pharo=Spieler fluchete auf sein Geschick.
(55) Auch der Schäfer war bereits mit den Schaafen in dem Felde.
Schon zwey Stunden wühlete Harpax unter seinem Gelde.
Glänzend schien das Licht der Sonnen hin auf die bethaute
Oder deutlicher zu reden: eben schlug es sieben Uhr. [Flur,
Alles war bereits erwacht, und Crispinens Haußgesinde
Schwitzte bey der Arbeit schon. Niemand schlief noch, als
                                    Bellinde.
Diese sahe in dem Traume ihren Schutzgeist vor sich stehn.
„Heute, sprach zu ihr derselbe, wirst du dich beglücket sehn!

„Heute lacht das Glück dir zu: bald wird deine Wohlfahrt
blühen,
„Denn du wirst ein grofes Geld heute aus dem Pocher ziehen.
„Glaube diesen meinen Worten! schick zu deinen Freunden hin!
(56) „Spiel' mit ihnen auf dem Pocher! denn es steht dir ein Ge=
winn
„Der sehr wichtig ist bevor! Wache! sprach er zu Belinden:
„Folge diesem meinem Rath! und du wirst dein Glücke
finden."
Er verschwand bey diesen Worten, und Belinde wurde wach,
Sie gedachte voll Erstaunen dem gehabten Traume nach.
„Sollte, sprach sie bey sich selbst: wohl mein Glück im Poch=
spiel grünen,
„Wohl! so will, um reich zu seyn, ich mich dieses Spiels be=
dienen!
Ja sie zehlte in Gedanken frölich schon die Louisd'or,
Und die Lust zum Pocherspielen brach bereits in ihr hervor.
Grofe Freude nahm sie ein. Frölich sprang sie aus dem Bette.
Zoge sich ein wenig an, und dann rief sie der Lisette.
(57) Gleich erschien die Cammer=Zofe, und Belinde sprach entzückt:
„Wiffe daß ich jetzt im Traume meinen Genium erblickt!
„Ja Lisette! selbsten er hat mich ungemein erfreuet,
„Denn er hat ein grofes Glück mir auf heute prophezeyhet.
„Er verkündigte mir nemlich: daß ich würde glücklich seyn
„Wenn ich auf dem Pocher spielte; lade deine Freunde ein!
„Sprach er: und es wird gewiß dich kein einzig mal gereuen,
„Denn ein treflicher Gewinn, wird dich bey dem Spiel er=
freuen."
Was? versetzte drauf Lisette.: ist es möglich? o Madam!
Daß ihr Schutzgeist in dem Traume selbsten sie zu sprechen kam!
Jetzo ist ihr Glück gewiß. Darf ich ihnen aber rathen,
(38) O! so laffen sie geschwind zu sich ihre Freunde laden.

Fünfe sind ja nur vonnöthen, da sie selbst die sechste sind,
Drum was zaudern sie Madame? schicken sie doch nur ge=
                                                        schwind
Jetzt zu fünf Personen hin! diese müssen sich verbinden,
Auf den Abend sich allhier bey dem Pochbrett einzufinden.
Trauen sie auf ihren Schutzgeist! warlich er verläst sie nicht,
Denn es ist die blose Wahrheit, was ein jeder Schutzgeist
                                                        spricht.
Ja ich habe es schon oft an mir selbsten wahrgenommen,
Was noch je mein Schutzgeist sprach, ist in die Erfüllung
                                                        kommen.
Mehres wollte sie noch reden, doch sie hielte plötzlich inn,
Denn man klopfte an der Thüre und es nähert sich Crispin.
(59) So wie eine ganze Schul bey des Lehrers Ankunft schweiget,
So schwieg auch Lisette still, da Crispin sich ihr gezeiget.
Wie ein alter Mammons=Diener war Belindens Mann
                                                        gestalt.
Er war geitzig und verdrüßlich, abgelebet, matt und alt.
Nur das Geld war seine Lust, und er fande sein Vergnügen,
Wenn er durfte bey dem Geld und bey seinem Mammon liegen.
Dieses freuet nur Crispinen, wenn man von Procenten spricht.
Nur auf neue Interessen ist sein ganzer Sinn gericht.
Niemals hat Belinde noch so gefällig sich erzeiget.
Heute ists das erstemal daß sie vor Crispin sich neiget.
„Höre! sprach sie zu demselben, was mir diese Nacht geschehn:
(60) „Heinte hab ich in dem Traume meinen Genium gesehn.
„Dieser hat ein grofes Glück auf dem Pocher mir versprochen.
„Niemals hat derselbige, wie du weist, sein Wort gebrochen.
„Darum lad ich diesen Abend fünf von meinen Freunden ein,
„Diese sollen zu dem Glücke, das mir blüht, behülflich seyn.
„Hast du nun, o mein Crispin, nichts dagegen einzuwenden.
„Wohl! so will ich den Johann, sie zu invitiren senden.‟

104

Wie? du zweifelst noch Belinde! war Crispinens erstes Wort:
Schicke, ohne noch zu fragen, jetzo gleich den Johann fort!
O! wie wird es mich erfreun, wenn in meinen alten Tagen
Ich noch einst so glücklich bin, um von deinem Glück zu sagen.
(61) Glaube meinem Wort Bellinde! nichts macht mich so sehr
vergnügt:
Als wenn ich von andern höre, wie du bey dem Spiel gesiegt,
Stell dir meine Freude vor, wenn ich von des Pochers Segen,
Kan den wichtigen Gewinn künftig auf Intressen legen,
Drum so mache alles fertig was zum Pochspiel nur gehört,
Alles sey dir von Crispinen deinem Manne unverwehrt.
Nimm Coffee so viel du willst, deine Freunde zu ergötzen,
Denn dein künftiger Gewinn, wird es doppelt uns ersetzen.
Sorge, daß es dir an Karten und an Marquen nicht gebricht,
Und erfülle auf das beste die beliebte Pocher-Pflicht!
Also redete Crispin: und er ließ den Johann hohlen,
(62) Diesem wurde alsobald von Belinde anbefohlen:
Ihre Freunde einzuladen, und Johann die muntre Seel,
Eilete mit schnellen Schritten und vollzoge den Befehl.
Niemals ist noch ein Laquay so geschickt wie er gewesen,
Denn es hatte ihn Crispin unter vielen auserlesen.
Keiner kam je in Besorgung seiner Pflichten, diesem bey,
Nur Crispin alleine hatte den geschicktesten Laquay.
Was man ihm nur anbefiehlt, thut er alles mit Vergnügen.
Und anjezo sieht man ihn zu Bellindens Freunden fliegen.

Zweyter Gesang.

Eben zog man an der Glocke welche uns zu Tische ruft,
(63) Und die lieblichste Gerüche stiegen häufig in die Luft.
Jede Köchin war bereit um das Essen aufzutragen,
Und der Hunger herrschete jetzo in den meisten Magen.

Alles war zum Essen fertig, auch Bellinde und Crispin
Setzten, da Johann noch liefe, sich an ihre Tafel hin,
Ueber Tische sprachen sie vom zukünftigen Gewinste,
Und Crispin erhob das Spiel über alle andre Künste.
Niemals hat er sich erfreuet, wenn man von den Karten sprach;
Jetzo aber hält er alles, was nicht spielt, für dumm und schwach.
So verändert ein Pedant öfters seinen Sinn und Willen,
Wenn die Schüler seinen Zorn mit französchen Thalern stillen.
(61) Niemals lebte noch Bellinde mit Crispin in Einigkeit,
Heute aber herrscht bey ihnen nichts als lauter Lust und
                                                    Freud.
Heute nennt Bellinde Ihn: ihr Vergnügen Lust und Wonne,
Und Crispin nennt sie davor: seines Hauses Licht und Sonne.
Beyde freuen sich zum voraus über ihr zukünftig Glück,
Und Johann der muntre Diener kam zu ihrem Trost zurück.
Nun was sagten sie? Johann! hörte man Bellinde fragen:
Kan ich auf mein künftig Glück mir nun feste Rechnung
                                                    machen?
Ja Madame! sprach der Diener: Alle fünfe sagten mir:
Johann! grüsse die Bellinde und wir kämen hin zu ihr.
So erfreut sich kaum ein Kind, wenn es von der Mutter höret:
Daß der schöne heilge Christ ihm viel Puppenwerk bescheret,
(65) Als sich dort Bellinde freute, da der Diener zu ihr sprach:
Daß die Freunde kommen würden. Ja sie gab es an den Tag,
Wenn sie bey der Tafel sich länger nun nicht mehr verweilte,
Sondern in ihr Schlafgemach, um sich anzukleiden, eilte.
Mit ihr gienge die Lisette, ihre treue Kammermagd.
Diese hat Bellindens Anzug bei sich selbst schon ausgedacht.
Heute wird dieselbige auf das beste angekleidet,
Alles hat Lisette schon, sie zu schmücken zubereitet.
Muse! die du mich noch immer bei Beschreibungen beseelt;
Singe von dem ganzen Anzug den Bellinde sich gewählt:

Rother Stof mit Gold durchwürkt, und mit Borden reich
besetzet.

(66) Welchen noch kein Tobacs=Dampf und kein Mottenloch ver=
letzet,

Daraus war die Endriene. Was nur Fleiß und Witz erdacht,
War auf diesem schönen Kleide, wohl und künstlich angebracht.
Vornen an Bellindens Hals hieng ein Creutz von Diamanten.
Dreifach wölbten um den Arm sich die weisen Engageanten.
Ohring nach der neusten Mode prangten an Bellindens Ohr,
Und auf dem frisirten Kopfe schwung ein Sultan sich empor.
Flügel nach der neusten Art, welche Frankreich ausgehecket,
Waren, durch Lisettens Fleiß, an dem Schignon vestgestecket.
Perlen aus dem Morgenlande, schlungen sich um ihre Hand.
Brenneiß, ihr Peruquenmacher, durchs Frisiren längst
bekannt,

(67) Hatte alle seine Kunst heute schon an ihr probiret
Und an ihrem ganzen Kopf, dicke Locken aufgeführet.
Niemals hat man noch Bellinde so geputzt wie jetzt gesehn.
Mit der äusersten Verwundrung sah sie sich vorm Spiegel
stehn.

In sich selbsten halb entzückt, sprach sie frölich zu Lisette:
„Ach wenn ich doch jetzo schon meine Freunde bey mir hätte!
„O wie werden sie sich wundern über meinen neuen Staat!
„Ja ich schwöre daß noch keine je mich so gesehen hat.
„Drum Lisette eilte dich! mach' das Zimmer nun zurechte!
„Sorge daß es an Coffee heute nicht gebrechen mögte!
Selbsten gieng sie in das Zimmer, das sie zum Besuch bestimmt.

(68) Und man sahe wie Bellinde selbst die Mühe übernimmt
Und es aufzuputzen hilft. Ja sie trug mit schnellem Schritte,
Den beliebten Tisch zum Spiel selbsten in des Zimmers Mitte.
In die Mitte dieses Tisches legte sie den Pocher hin,
Und zwey neue Kartenspiele, nebst den Marquen neben ihn.

Du, zu welcher jederzeit, auch die gröſten Dichter flehen,
Muſe! jetzo ſage mir wie das Pochbret ausgeſehen:
Von dem beſten Nußbaum Holze war es künſtlich ausgeſchnitzt,
An ihm ſah man nichts vergeſſen, was nur zu dem Pochſpiel
                                        nützt.
Oben drauf war eine Gruft in daſſelbe eingegraben,
Dieſe muß ſeit langer Zeit ſchon des Brautbetts Namen haben.
(69) An dem Rande war'n die Namen welche jeder deutlich laß:
Pocher, Zehnder, Bub und Dame, nebſt dem König und dem As.
Doch der Anfangs Buchſtab nur war ins Pochbret ein=
                                        gepräget.
Und von Perlemutter ſchön in daſſelbe eingeleget.
Schwerlich wird man eines finden, das Bellindens Pochſpiel
                                        gleicht.
Unter allen hat es immer noch den höchſten Preiß erreicht. . . .
Endlich nahte ſich die Zeit, daß die Gäſte bald erſchienen,
Und die Sehnſucht nach Gewinn herrſchte in Bellindens
                                        Mienen.
Immer hoft ſie zu gewinnen, weil ſie ſelten was verlohr.
Und ſie füllte ihre Goldbörſ' frölich ſchon mit Louisd'or.
Jetzo aber ſieht man ſie in dem Lehnenſeſſel prangen,
(70) Um den kommenden Beſuch majeſtätiſch zu empfangen.
Solche Mienen, als Bellinde, macht auch keine Doctrin nicht,
Die im Namen ihres Mannes ſtolz mit den Clienten ſpricht.

Dritter Geſang.

Eben war das Sonnenlicht an dem Abhang unſrer Erde,
Und in fliegendem Calopp eilten ſeine raſche Pferde
Schon in luſtigen Corbetten nach dem Schooſſe Thetis zu.
Von der ſchweren Arbeit müde ſehnten ſie ſich nach der Ruh.
Eben ſchloß der Handelsjung voll Vergnügen ſeinen Laden,

Und der Bauer in der Schenk rühmte sich und seine Thaten.
Frölich ritten die Studenten, die von Bier und Tobac satt,
(71) Schnell schon auf Philisters Pferden hin nach der entfernten
Stadt.
Fern beschien das Sonnenlicht nur noch unserm Creyß der
Erden,
Oder deutlicher gesagt: Eben wollt es Abend werden,
Als Bellinde voll Erwartung noch in ihrem Sessel saß.
Sie gedachte an das Glücke das ihr blüht ohn Unterlaß.
Doch sie wurde unversehens in dem Denken unterbrochen,
Denn sie hörte den Besuch schon an ihrer Thüre pochen.
Erisandite war die erste die in diesem Hauß erschien,
Sie ist zwar Bellindens Freundin, aber eine Spielerin.
Nur das Spiel ist ihre Lust, doch der Pocher unter allen,
Hatte ganz allein die Ehr Erisanditen zu gefallen.
(72) Nach derselben kam Finette, sonsten ein vernünftig Weib.
Doch sie hält das Pochspiel immer vor den besten Zeitvertreib.
Dieser folgete sobald die geschwätzige Eleante,
Welche ihr Vergnügen nur beym Quatrillen-Tische fande.
Aber auf Bellindens Bitten stimmt sie endlich überein,
Bey dem edlen Pochspiel heute eine Spielerin zu seyn.
Auch Rosette war bereits in Bellindens Hauß erschienen.
Künstlich wuste diese sich aller Karten zu bedienen.
Aber immer war der Pocher noch ihr allerliebstes Spiel,
Selten kan man von ihr sagen, daß was anders ihr gefiel:
Voll Entzücken hörte sie zu sich die Bellinde sagen:
Daß sie heut noch manches Spiel würde auf dem Pocher wagen.
(73) Endlich machte noch Dorinde unter allen den Beschluß.
Als ein junges Frauenzimmer spielt sie gern und ohn
Verdruß.
Immer ist sie aufgeweckt. Niemals sieht man bey Dorinden,
Wenn sie auf dem Pocher spielt, ihre Munterkeit verschwinden.

Jeßo sind sie bey einander, schwaßen und Bellinde winkt
Ihrem Mädgen der Lisette die sogleich den Coffee bringt.
Lichter werden angezündt, und weil es sich so gebühret,
Wird der Coffee jeder jeßt von Lisette präsentiret.
Alle sind sie froh und munter, weil noch keine was verlohr,
Jede hatte in dem Sacke noch bereits die Louisd'or.
Unterschiednes hörte man in Bellindens Zimmer schwaßen,
(74) Von dem Wetter, vom Gesind, und vom abgesetzten Baßen.
Endlich aber ward beschlossen vom Coffee=Tisch aufzustehn.
Jede sieht man mit Vergnügen jeßo an den Spieltisch gehn.
Alle sind sie aufgeräumt, keine macht betrübte Mienen,
Und das Pochspiel soll anjeßt ihnen zum Vergnügen dienen.
Doch vorher entsteht die Frage: wer die Casse übernimmt?
Und Bellinde wird von allen zur Caßirerin bestimmt.
Mit Vergnügen nahm sie an dieses Amtes schwere Bürde.
Auf den Schußgeist hoft sie fest, der sie nicht verlassen würde.
Endlich noch wird jede Marque vor zwei Gulden angesetzt.
Alle rüsten sich zum Spiele, und man pußt die Lichter jeßt.
Niemals hat man noch so hoch auf dem Pocher je gespielet,
(75) Jede hatte auf das Geld ihrer Freundin hingezielet.
Doch am meisten hat Bellinde damals nach Gewinn getracht,
Dadurch aber setzte sie sich bey den andern in Verdacht.
Anfangs spielten alle noch gut und mit besondern Glücke.
Nur Bellinde ganz allein fluchete auf das Geschicke.
Sie verfluchte jene Stunde, da das Pochspiel sie erkohr,
Denn je heftiger sie spielte, desto stärker sie verlohr.
Ja sie muste kurz hernach mit dem grösten Widerwillen
Ihre Goldbörs', welche leer, wiederum aufs neue füllen.
Mit der äussersten Verzweiflung, setzte sie sich wieder hin,
Alle Freude war verschwunden zum zukünftigen Gewinn.
(76) „Wär es, sprach sie bei sich selbst, mir doch nie in Sinn gekommen!
„Hätte ich doch niemals mir boch zu spielen vorgenommen!

110

Sie gedachte jetzt mit Zittern, bebend an Crispinens Wuth,
Wenn er es erfahren würde; und es fiel ihr aller Muth.
So gedenket öfters auch mancher Schüler an den Stecken,
Wenn er einmal ihn gefühlt, und man siehet ihn er=
                                        schrecken. . . .
Doch kaum hatte nur Bellinde zweymal wieder mitgespielt,
Als sie, sich zur grösten Freude ohnvermuthet reicher fühlt,
Ehe man es sich versah', war auch ihre Furcht zerronnen,
Denn sie hatte alles Geld doppelt wiederum gewonnen.
Ja es wurde ihre Goldbörs' nicht ein einzigmal nur leer.
So gelung es ihr im Spiele; sie verlohre gar nichts mehr.
(77) Alles Unternehmen gieng immer glücklich ihr von statten,
So daß ihre Freunde all auf die letzt kein Geld mehr hatten.
Gar nichts konnte ihr mehr fehlen, denn sie zog ohn Unterlaß;
Zehnder, Brautbett, nebst dem Pocher, Dame, König, Bub
                                        und As.
Keine von den Freunden all konnte etwas vor sich bringen,
Voll Verzweiflung sah' man sie jetzt von ihren Stühlen springen.
Alle eilen sie voll Kummer, trostlos aus Bellindens Hauß.
Doch sie baten nächster Tagen sich zu reveangiren aus.
Aber dazu wollte sich nun Bellinde nicht entschliessen.
Denn sie wollte gar nichts mehr von dem reveangiren wissen.
Alles war bey ihr vergebens, keine Bitte nahm sie an.
Sie war nur im Herzen frölich daß sie so viel Geld gewann.
(78) Als nun ihre Freunde sahn, daß die Mühe hier vergebens,
Eilten sie zum Hauß hinaus, müde ihres eignen Lebens.
Alle kamen mit Verzweiflung wieder in ihr Hauß zurück.
Trostlos gingen sie zu Bette und verfluchten ihr Geschick.
Als die Freunde nun nicht mehr in Bellindens Hause waren
Wollte diese nun ihr Glück ihrem Manne offenbahren.
Dieser lage schon im Bette, doch sie liefe zu ihm hin.
Und erzehlete Crispinen ihren wichtigen Gewinn.

„Ift es möglich? hub er an: darf ich meinen Augen trauen?
„Oder ift es nur ein Traum? worauf fonft nicht viel zu bauen.
„Nein ich fpühre daß ich wache, denn ich feh' Bellinde! dich,
„Und mit deinen fchönen Reden, glaub es mir! entzückft du mich.
(79) „So vergnügt, wie jetzt, bin ich noch kein einzigmal gewefen,
„Ja du kanft die Freude felbft fchon aus meinen Augen lefen.
„Ganze funfzehn taufend Gulden, fagft du trügeft du davon?
„Was, ach fage mirs Bellinde! geb ich dir davor zum Lohn?"
Das was ihnen nur gefällt, fprach Bellinde zu Crifpinen,
Denn fie können fich des Gelds wie fie wollen nur bedienen.
„Wohl! weil du es fo verlangeft, fprach zu ihr Crifpin
                                        vertraut,
„Nun fo werde von demfelben uns ein neues Hauß gebaut.
„Bift du diefes alles nun, o Bellinde! recht zufrieden?
„Wohl! fo will ich morgen gleich mir die Arbeitsleute miethen.
„In der Mitte diefes Haufes foll ein grofer Spielfaal feyn,
„Dahin lade deine Freunde, wann du willft zum Pochfpiel ein!
(80) „Denn fowahr anjetzt Crifpin von dir diefe Gelder nimmet,
„So gewiß fey diefer Saal zu dem Pochfpiel nun beftimmet!"
Alles was Crifpin nur fagte, das gefiel Bellinden auch,
Und fie macht' nach kurzen Zeiten von dem Hauß und Saal
                                        Gebrauch.
Täglich fieht in diefem Hauß man das edle Pochfpiel grünen.
Wer nur Pocher fpielen will, darf fich diefes Saals bedienen.
Ja Crifpin fieht mit Vergnügen täglich noch Bellindens Glück,
Und er lobet ftets den Pocher, feine Frau und das Gefchick.

₍₈₁₎ Verschiedene Gedichte.

₍₈₃₎ Der betrübte Wittwer.

Es trug in einem Dorf und zwar in Poitou,
  Sich folgende Geschicht mit einer Frauen zu:
Daß, als sie lange Zeit am Fieber krank gelegen
In eine Schlafsucht fiel. Ihr Mann und die zugegen,
Vermeinten daß sie todt, und hüllten ihr Gebein,
₍₈₄₎ Nach wenigem Verzug, in schlechtes Leilack ein.
(Man weiß daß Bauersleut geringe Güter haben)
Und also wollten sie das arme Weib begraben.
Doch Leser! glaubst du wohl was jetzo noch geschah?
Der Träger der sie trug, kam einer Heck zu nah,
Daß als er sie zu hart an solcher niedersetzte;
Sie sich von ohngefehr an ihrem Kinn verletzte.
Wovon im Augenblick sie von dem Schlaf erwacht'
Und voll Verwundrung sich in solchem Stand betracht'.
Man führte sie zurück, allein nach einem Jahre,
Trug man sie noch einmal auf dieser Todtenbare.
₍₈₅₎ Doch als sie wiedrum sich zu dieser Hecke nahn;
Da schrie aus vollem Hals ihr hinterbliebner Mann:
Ich bitt' euch, nähert euch nicht mehr sothanen Hecken,
Ihr mögt sonst noch einmal mir meine Frau erwecken!

₍₈₆₎ Der arbeitsame Gärtner.

Als noch der kühle Thau auf jenen feuchten Auen,
  Wollt' einst ein Edelmann sein Gartenwerk beschauen.
Den Gärtner hieß er drauf zuerst in Garten gehn,
Da wollt' er seine Lust an seiner Arbeit sehn.
Doch als er sich zu Hauß sehr kurze Zeit verweilte,
Und etwas früher noch in seinen Garten eilte;

So traf, er mochte sich wohin er wollte, nahn,
Er weder hier noch dort, den faulen Gärtner an.
Darauf verfügt' er sich zu seinen vollen Zweigen.
Und meynte da vielleicht den Schelmen zu erschleichen.
(87) Doch endlich fand er ihn an einen Baum gestreckt,
Woselbst er ihn erzürnt von seinem Schlaf erweckt.
Er sprach zu ihm: Du Schelm dem sonsten keiner gleichet!
Du bist das Brod nicht werth das man dir täglich reichet.
Ich habe dich allhier genugsam überführt,
Du Fauler bist nicht werth daß dich die Sonn berührt.
Dem Gärtner kame nichts zur Ausred hier zu statten,
Er sprach: Drum legte ich mich auch hier in den Schatten.

(88) **Der Frühling.**

Omnia nunc rident, nunc
formosissimus annus.
Virgil.

O! Frühling der du uns erfreuest,
Mit deiner so liebreichen Pracht.
Und der du nun in uns erneuest,
Was uns sonst so frölich gemacht!
Es stehet nun alles in Fluren,
Auch findet man nicht mehr die Spuren
Des traurigen Winters im Feld.
Es freuet sich unser Gemüthe,
Bey dieser vortreflichen Blüthe.
Und alles ist sehr wohl bestellt.
Komm Frühling! ergetze uns wieder,
Wie du es schon öfters gethan!
(89) Erfreue den Geist und die Glieder,
Und zünde von neuem uns an!
Dann wollen wir immer dich loben,
Weil du uns schon vielmals gerührt.

Wir preisen den Schöpfer dort oben,
Der zu uns den Frühling geführt!

(90) **Grabschrift des auserordentlich geitzigen Silvii.**

Hic situs est Silvius, gratis qui nil dedit unquam,
   Mortuus & gratis, quod legis ista, dolet,
Allhier ist Silvii des geitzigen sein Grab,
Der niemand was umsonst aus freyem Willen gab.
Was nun den kargen Hund noch in dem Tod verdrieset,
Ist: daß man ohngezahlt hier diese Grabschrift lieset.

(91) **B**ernhardus valles, Colles Benedictus amabat,
   Oppida Franciscus, magnas Ignatius urbes.
Bernhardi Aufenthalt ist stets im Thal gewesen,
Wozu sich Benedict die Hügel auserlesen,
Franciscus suchte drauf in Dörfern seine Ruh,
Ignatius aber eilt’ den grosen Stäten zu.

(92) **Eine Uebersetzung aus dem Französischen
des Herrn Restaut.**

Ein gewisser Handelsmann
   Der an seinen Waaren,
Die er nicht verkaufen kan,
Den Verlust erfahren:
Bath inständig seinen Sohn,
Keinem Menschen nicht davon
Was zu offenbaren.

Es versprach ihm zwar sein Sohn
Dieses zu erfüllen.
Doch, sprach er: wird dieses schon

Unser Unglück stillen?
Weil ihrs aber gerne seht;
Will ich, eh die Zeit vergeht,
Thun nach eurem Willen.

(93) Darauf schickt' der Vater hin,
Und ließ ihm noch sagen:
Wie es nicht nach seinem Sinn,
Daß statt einer Plagen,
Sie die andre, ohne Lust,
Wenn es einem nur bewust,
Würden noch ertragen.

Denn die eine Plage sey:
Den Verlust zu leiden,
Und die andre, die dabey
Jene wird begleiten,
Ist: weil unsre Nachbarn es,
Die schon lange mit uns böß,
Sehn mit Herzens-Freuden.

(94) Navita de ventis, de tauris narrat arator,
   Enumerat miles vulnera, pastor oves.
Der Schifmann redet gern vom Wetter und von Stunden.
Der Ackermann erzehlt von seinem Pflug und Feld.
Und ein Soldat spricht stets von den empfangnen Wunden.
Der Schäfer fraget gern: wie seine Schaaf bestellt?

(95) Auf den Geburtstag des Herrn H * *

Was treibet mich zum dichten an?
   Wovon soll heut mein Lied erthönen?
Davon, daß meinen H * *

116

Schon sechs und sechzig Jahre crönen.
Drum Freunde, dankt dem HErrn der Welt,
Der ihn biß jetzo noch erhält!

O Allerhöchster segne ihn,
Den werthen Freund noch viele Jahre!
Und lasse seine graue Haare
Biß in das späthste Alter blühn!
Erhalt ihn stets mit dir vereint,
Laß es an keinem Guth ihm fehlen!
Diß wünscht von Grunde seiner Seelen,
Sein, biß in Tod getreuer F r e u n d.

H * *

(96) Uebersetzung der Verse, über das Louvre zu Paris.

Par urbi domus est, urbs orbi, neutra triumphis,
  Et belli & pacis, par Ludovice tuis.
Es gleicht das Hauß der Stadt, die Stadt der ganzen Welt.
Doch keins von beyden wird den Siegen gleich gestellt,
Die du, o Ludwig! dir stets wustest zu bereiten,
Es sey sowohl im Krieg, als auch in Friedens-Zeiten.

(97) Non audet Stygius Puto, mihi crede! quod audet,
  Effrenis monachus, plenaque fraudis anus.
Was sich der Teufel selbst nicht waget anzurühren:
Das wird ein frecher Mönch und altes Weib vollführen.

Horatius Carm. Lib. III. Ote II de.

(98) Virtus recludens immeritis mori
  Coelum, negata tentat iter via,
Coetus que vulgares, & udam
Spernit humum, fugiente penna.

Die Tugend öfnet dem die schönen Himmelspforten,
Der, wenn er stirbt, noch nicht zu sterben hät verdient.
Und bahnt sich einen Weg durch unerlaubte Orten,
Wo sonst kein Mensch, als sie, zu nahen sich erkühnt.
In der Zusammenkunft läst sie sich gar nicht blicken,
Wo nur das Pöbel=Volk, zu ihrem Dienst bereit.
Der feuchte Erdencreiß, kan sie auch nicht entzücken,
Mit schnellen Flüglen schwingt sie sich zur Ewigkeit!

(99) Freye Nachahmung der XXIIsten Ode Carm. Lib. I,
des Horatzes, an den Aristium Fußcum.

Ein Mann, mein Fußcus! welcher frey
    Von Lastern und von Heucheley,
Braucht kein Gewehr der schwarzen Mohren.
Er fürcht sich auch vor keinem Wild,
Noch einem Köcher, der gefüllt
Mit Pfeilen, die vor ihn erkohren.

Wenn er durch warme Syrten reißt,
Den Ort, wo Caucassus sich weißt,
Von dem noch niemand was erhalten;
Wenn gleich Hidaspin er durchstreicht,
Von dem man viele Fablen zeigt,
Wird dennoch nicht sein Muth erkalten;

(100) Jüngst floh ein Wolf vor mir vorbey,
Als ich allein ganz sorgenfrey
Den Wald Sabiniens durchstriche,
Und ganz vertieft in meinem Gang,
Die schöne Lalagen besang
Und über unsre Grentzen wiche.

118

Ich fürchte doch nicht die Gefahr,
Ob ich schon unbewafnet war
Und nicht mit einem Schwert umgürtet;
Des Wolfes Größ' war ohne Maas,
Desgleichen nie der Davnias
In seinem Eichenwald bewirthet.

Die Juba selbst noch nicht erkannt,
Woselbst das trockne Vaterland
Der ungeheuren wilden Löwen.
Diß alles muß ein kluger Mann,
Der von der Wieg an, Recht gethan,
Nicht fürchten, und ihm widerstreben.

(101) Versetze mich in wüste Felder,
Wo keine Frucht und keine Wälder,
Die süsse Sommerluft erquickt.
Wo nichts als Nebel, Frost und Regen,
Nebst Schlosen, Blitz und Donnerschlägen
Die Frucht, im wachsen schon erstickt.

Versetz' mich an der Sonnenwagen,
Wo niemand kan die Hitz ertragen,
Wo keine Häuser aufgericht!
Nichts widerstehe meinen Trieben,
Ich will die Lalagen nur lieben,
Die lieblich lacht und lieblich spricht!

(102) Enigme.

Devinéz que je suis; mon corps n'est plus au monde.
   J'habite la moitié d'une fugure ronde.
Vivante, je n'avois qu'un sentiment brutal,
Mais depuis que l'effort d'une main assassine,

M'a fait donner le coup fatal;
Je renferme souvent la plus haute doctrine.

Errathe was ich bin, und wozu kan ich dienen?
Mein Leib ist aus der Welt, und rundige Maschienen
Bekleide ich die Helft. Ich war in meinem Leben
(103) Von schlechter Denkungsart und viehischem Verstand,
Doch seit mein Mörder mir den bösen Stich gegeben,
Macht mich noch etwas der gelehrten Welt bekannt,
Und diß ist, was dir noch zu rathen übrig bleibet:
Es wird Gelehrsamkeit mir öfters einverleibet.

(104) **Lob des Landlebens nach der IIten Ode des Horaz,**

Epodon Lib.

Der Landmann ist beglückt! den keine Sorgen nagen,
    Der sein ererbtes Feld mit eignen Ochsen pflügt,
Der mit den Nachbarn sich noch jederzeit vertragen
Und dem kein Capital auf Interessen liegt.
Bey dem nie ein Soldat in dem Quartier gelegen,
Und den kein Kriegs-Geschrey um seine Ruh gebracht,
Der die Processe flieht, und nie, des Nutzens wegen,
Sich etwas aus der Gunst der mächtigern gemacht;
Bald windt er, sich zur Lust auf dem erhabnen Hügel,
(105) Um hohe Papelbäum die Reben die noch klein,
Er fällt die schlechte Aest' mit einer scharfen Sichel,
Und pfropft, an deren Statt, beglücktere hinein.
Er sieht auch manchesmal in den entlegnen Thälern,
Die blöckende Armee um sich herum marschirn,
Bald sammlet er die Milch zu denen Mittags-Mählern,
Bald läßt er seine Schaaf zum scheren zu sich führn.
Wie freuet er sich nicht, wenn in des Herbstes Zeiten,
Sein selbst gepropftes Obst ihm all nach Wunsch geräth.

Und ihm, aus Trauben die an Farb mit Purpur streiten
Der allerbeste Wein zu seiner Freud entsteht!
(106) Dann spricht er: Priape! wie kan ich dir ergänzen,
Daß du in diesem Jahr so reichlich mich erfreut?
Und, o Sylvane dir! Beschützer unsrer Grenzen!
Daß meine Früchte nicht ein fremder Dieb entweiht?
Bald bliebt es ihm daß er sich unter alte Eichen,
Bald in das weiche Graß ohn alle Sorgen streckt:
Da das Geräusch der Flüß die durch die Thäler streichen
Und bald der Vögelstimm ihm einen Schlaf erweckt.
Und wenn der Winter auch mit strenger Kält erschienen,
So daß der Schnee und Eiß die Flüsse still gesetzt;
Dann läßt er dieses sich noch zum Vergnügen dienen,
Daß er bald hier bald dort mit jagen sich ergötzt:
(107) Bald will dem wilden Schwein er seine Freiheit rauben,
Und endlich holt ers ein, mit vielem Schweiß benetzt.
Bald fängt er sich zur Lust die schlaue Turteltauben,
Bald wird der arme Haaß durch ihn in Angst gesetzt.
Wenn er nun ganz entkräft nach Hauß des Abends eilet:
So hat schon seine Frau die Küche wohl bestellt.
Wo er den Knechten denn ihr Essen gern austheilet,
Mit seinen Kindern sich einsweilen unterhält.
Drauf sieht man seine Frau die Milch aus Eutern pressen,
Sie schließt das müde Vieh in enge Pfergen ein.
Auch will sie, ihrem Mann zu Liebe, nichts vergessen,
(108) Sie holt ihm Käß und Brod und eine Flasche Wein.
Dann spricht er ganz erfreut: Diß schmecket mir viel besser,
Als Austern, oder auch der beste Scarus-Fisch,
Den ein entstandner Sturm aus scytischem Gewässer
In unsre Flüsse treibt. Es hat noch meinen Tisch,
Kein jonisch Haßelhun, noch Rebhun angerochen,
Kein Krametsvogel, Schnepf, und kein Champagner Wein.

Oliven welche ich mit eigner Hand gebrochen
Und gutes Blumenkohl soll meine Labung seyn;
Auch oft ein Lamm das man aufs Grenzenfest geschlachtet,
Ein Böcklein das man schon dem Wolf entrissen hat. . . .
(109) Indem der Bauersmann diß alles wohl betrachtet;
Findt jetzt was anders schon in seinem Herzen statt:
Er sieht vor seinen Tisch die muntre Knechte kommen,
Wie sie das müde Vieh in seine Ställe thun.
Wie jeder an dem Tisch und Teller Platz genommen,
Und nun von ihrer hart= und sauren Arbeit ruhn.
Der Wuchrer Alfius der diß mit angehöret,
Wünscht sich, als halber Baur, schon auf dem Land ein Hauß.
Den neunten sammlet er sein Geld, doch ohngestöhret
Lehnt ers der zehenden auf neue Pfänder aus!

(110) Grabschrift eines Autors der seine Rechnung ohne den
Wirth gemacht.

Steh still o Wandersmann! betrachte mit Entzücken
   Des Paracelsi Grab! Er wuste sich zu schicken
Ins Unglück wie ins Glück. Bewundere seine Gaben!
Vor deinen Füssen liegt der gröste Mann begraben.
Der von der Autorschaft die Crone könnte seyn,
Des Leib ruht nun entseelt hier unter diesem Stein.
Der, den ein schneller Todt in diese Gruft gebracht,
Hat seine Rechnung fest, doch ohne Wirth gemacht.

(111) Uebersetzung.

La mode est un Tiran d'ont rien ne nous delivre
   A son bizarre gout il faut s'accommoder.
Mais sous ses folles loix, etant forcé de vivre,

Le Sage n'est jamais le premier a les suivre,
Ni le dernier a les garder.

Die Mode ist vor uns ein schrecklicher Tirann,
Wovon der gröste Held uns nicht befreyen kan.
Sie kan uns, ist sie noch so seltsam, doch verpflichten
Daß wir uns immerfort nach ihrer Vorschrift richten.
Ein kluger macht sie zwar nicht gleich im Anfang nach,
Doch trägt er auch nicht gern ein Kleid nach altem Schlag.

(112) Uebersetzung der dritten Ode des Horaz.

Carm. Lib. II. ad Dellium.

Sey unverzagt mein Dellius!
   Wenn dich schon Unglück und Verdruß
Allhier in diesem Leben kränken;
Wenn dir es aber wohl ergeht
Und deine Sach am besten steht:
So must du an den Fall gedenken.

Was hilfts wenn du der Traurigkeit
In deinem Leben dich geweiht
Und deinem Leibe nie gepfleget?
Was hilfts wenn du bey Sonnenschein,
Mit einem Glaß Falerner Wein
Dich in das grüne Gras geleget?

Woselbst ein hoher Fichtenbaum,
Den vor der Sonn beschützten Raum
Mit eingeschlungenen Aesten decket.
Wo dir die Stimm der Nachtigall
Und ein beliebter Wasserfall
Den allersüßten Schlaf erwecket.

123

(113) Wenn du sprichst: bringt auf mein Begehr,
Mir Mägdgen, Wein und Blumen her,
Eilt her zu mir mit schnellen Schritten!
Weil mir nicht Alter, Glück und Stand,
Noch auch der Parcen starke Hand
Den Lebensfaden abgeschnitten.

Was hilft dichs, wenn du dir ein Gut,
Mit vieler Arbeit, Schweiß und Blut
Dort an der Tyber angeschaffet?
Wenn du dir noch so viel erwirbst,
Wird es doch endlich, wenn du stirbst
Von frohen Erben weggeraffet.

Du magst auch noch so arm und klein
Auf dieser Welt gewesen seyn,
Daran ist warlich nichts gelegen.
Bist du auch gleich wie Crösus reich
Und Inacho an Ahnen gleich;
Dem Tod setzt du dich nicht entgegen.

(114) Denn dieser führt uns allemahl
Den zu der Freud, den zu der Quaal.
Der Tod sich nicht an Reichthum kehret.
Wenn einer noch so viel gethan;
Was hilfts Ihn, wenn er in dem Kahn
Des ewigen Verderbens fähret?

(115) Die Freundschaft. Ein Gedicht.

Leander und Selin, zwey Freunde, wo die Liebe,
    Verstand und Edelmuth und gleiche Tugend Triebe,
Stets neu bevestigten den alten Freundschafts bund,

Die giengen in ein Schif das Reisefertig stund.
Weil sie Verrichtungen in fremden Ländern hatten. . . .
Von Anfang gieng die Reiß nach ihrem Wunsch von statten,
Die Winde hiessen sie getrost der Gegend nahn,
Die unsre Reisende schon halb im Geiste sahn.
Das Ufer floh hinweg und man erblickete
Rings um sich, weiter nichts als lauter Luft und See.
(116) Das ganze Firmament war voller Glanz und heiter,
Sie segelten getrost im Wiederscheine weiter,
Und nahten sich bereits zu ihrer Reise Ziel,
Als ohnvermuthet sie ein Sturmwind überfiel.
Das Meer empörte sich, ein reisender Orkan
Entstunde drauf und schlug das Schif von seiner Bahn.
Kurz, es zerscheiderte. Umsonst war das Bemühen,
Jetzt suchte jedermann den nahen Tod zu fliehen.
Der hielt es für sein Glück der nur ein Brett ergrif.
Des Schiffes kleinster Theil dient manchem jetzt zum Schif.
Es war ein schwaches Bret, das unsre beiden Freunde,
(117) Auf dem erzürnten Meer auch jetzo noch vereinte.
Wir sinken, sprach Selin: es ist das Brett zu klein,
Freund lebe ewig wohl! du must erhalten seyn.
Es würde ja die Welt an dir zuviel verliehren
Und ohne dich kan ich mein Leben doch nicht führen.
Leander lebe wohl! du wirst mich sterben sehn.
Und in dem Augenblick ließ er das Bret auch gehn,
Und übergabe sich getrost der Macht der Wellen. . . . .
Ganz deutlich sah man hier die Vorsehung erhellen,
Sie sah Selinens Treu und seine Großmuth ein
Und ließ das tiefe Meer ihm nicht zum Grabe seyn
(118) Mitleidig trug sie ihn hinüber an das Lande
Wo er zur grösten Freud Leandern wieder fande.
O wer beschreibet nun die Regungen der Freude,

Die diese zwey gefühlt, nach ausgestandnem Leide?
Vor Freuden weinten sie. Die Zunge stammelt nach,
Bis endlich Freudensvoll Leander also sprach:
In was für Quaal, o Freund den ich stets hochgeschätzet!
Hat unsre Freundschaft mich anjetzo nicht gesetzet?
Zehnfach hab' ich um dich des Todes Angst gefühlt.
Was du thatst, darauf hab ich öfters auch gezielt.
Ich wollte dir zu lieb das Leben mir verkürzen.
(119) Und oft versuchte ichs mich dir noch nachzustürzen,
Von dir entfernt, würd ich das Leben eher fliehn ...
Was wär ich ohne dich? versetzte drauf Selin:
Der Himmel sey gelobt, der es also gelenket,
Und dich, geliebter Freund! mir jetzo wieder schenket.
Komm laß uns den der uns von unserm Tod befreyt,
Nicht jetzo nur verehrn, nein sondern allezeit!
Drauf knieten weinend sie sich nieder ans Gestade
Und dankten ihrem GOTT vor die erzeigte Gnade.
Leander theilte drauf mit Selinen sogar,
Der arm an Gütern, und nur reich an Tugend war,
(120) All seine Schätze. Das Selin geschehen liesse,
Weil sich sein werther Freund dadurch glückseelig priese.
Die Freundschaft wurde drauf aufs neue festgestellt.
Und lange waren sie das Wohl der ganzen Welt.

(121) Ode an die Phillis.

Geliebtes Kind, wer kan dich schätzen?
    Ach Phillis! reizendes Ergötzen.
Wie sehr bin ich von dir entzückt!
Du kanst durch liebliche Gebehrden
Die Meistrin aller Herzen werden,
Wohl dem den deine Gunst beglückt!

126

Ach wüßtest du wie ich dich liebe!
Ach Kind, empfändest du die Triebe
Die meine Brust für dich empfindt!
Stets bleib ich dir getreu, ergeben,
Für dich nur, Schönste! will ich leben,
Nichts rührt mich mehr als du mein Kind!

Mir hast du einmal wohlgefallen,
Und noch gefällst du mir vor allen,
Die mein verwöhntes Aug erblickt.
Du hast mein stolzes Herz bekrieget,
Mich angeblickt, gerührt, besieget,
Geliebte Fessel die mich drückt!

(122) Verehrte Bande die mich binden,
Ja täglich heftiger entzünden,
Beneidens werthe Sclaverey!
Ich küß euch froh bis an mein Ende,
Und dir entzückt die schönen Hände,
Ach Phillis gieb mich nimmer frey!

Ich würde Wehmuths voll verderben,
Ja trostlos und verlassen sterben,
Zerbrächest du mein süsses Joch;
Drum Phillis bleib bei deinem Rechte,
Befehle deinem treuen Knechte.
So lieben wir uns lange noch.

So treu ich dir bisher geblieben,
So treu werd' ich dich nimmer lieben,
Stets ehr' ich Freundin! dein Gebott.
Eh wird der Moder mich zerfressen,
Als ich dich, schönstes Kind! vergessen;
Uns trenne nichts, als nur der Tod!

(123) Der mit seiner Frau und seinem Schicksal zufriedene
Schuhflicker.

Lysander welcher Morgends sich
    An seyne Arbeit hinbegiebet,
Denkt: Wer ist glücklicher als ich?
Weil mich mein Weib Lisette liebet;
Wenn er auch Tag und Nacht nicht ruht
Und alte Stiefel, neu verschuht:
Lobt er jeden noch sein Geschicke:
Denn wenn er in Erwegung zieht:
Daß vor Lisetten es geschieht;
So hält ihn nichts davon zurücke,

In seinem stark zerrißnen Kleid
Liebt er mit andern in die Wette,
Er spricht mit aller Frölichkeit:
Mich liebt mein Weibgen die Lisette.
(124) Sein kleines Haus ist gros genug,
Er kan darinn mit gutem Fug
Als wie der gröste Kaufmann wohnen.
Ihm ist sein Häußgen nicht zu klein,
Kann er nur bey Lisette seyn:
So will er andrer gern verschonen.

Sein Essen schmeckt ihm treflich gut,
Als wenn er auch das beste hätte;
Denn dieses macht ihm wieder Muth:
Er ißt und trinket mit Lisette.
Nie plagt ihn Kummer, Angst und Leid,
Nie klagt er über Härtigkeit,
In seinem schlecht bestellten Bette.
Ein jedes Bette scheint ihm weich.

In jedem dünkt er sich für reich.
Warum? Er schläfet bey Lisette.

(125) Das Hofleben. Eine Uebersetzung.

Der Hofmann dienet nur dem grosen Potentat.
Ist nicht sein eigner Herr, folgt eines andern Rath.
Muß in Gesellschaft sich oft mit Verdruß verfügen.
Hat öfters lange Weil, um weniges Vergnügen.
Darf niemals sagen das, was er im Herzen denkt,
Folgt einem Günstling, dem sein Herz er niemals schenkt.
Verarmet würklich schon, da er denkt reich zu werden.
Lebt alles was er sieht und schätzt nichts hoch auf Erden.
Er sinnt bey seinem Herrn nur wie er ihm flattirt,
(126) Und lachet wenn der Hund die Katze caressirt.
Macht aus dem Tage Nacht, weil er zu späthe isset.
Hat keinen wahren Freund, ob ihn schon jeder küsset
Und ändert er bald hier, bald dort sein Nachtquartier,
Trinkt wacker, spielt und scherzt; so ist es Hofmanier.

Ne mirere equam nostras intrare palestras.
(127) Cum pateant asinis, sic pateant & equis.

Diß hindert nichts an meiner Ruh:
Wenn Pferde unsre Schule stöhren.
Schließt man sie nicht vor Esel zu;
Wer will den Eingang Pferden wehren?

(128) Die dreiste Frau.

Von einer Reise gieng Lubin
Ermüdt zu seiner Frauen hin,
Vergnügt empfänget ihn Finette.

Es rührt ihn nicht, hört wie er spricht!
Hast du mein Essen zugericht?
Er ißt, und geht hernach zu Bette.

Im Bette spricht er noch zu ihr:
Finette! hoffe nichts von mir,
Heut werd ich die Caressen spahren.
Kaum regt sich noch mein schwach Gebein,
Ich bin bis in die Nacht hinein,
Ohn Einhalt auf der Post gefahren.

Sein Weib empfand es würklich so,
Sie wurde keines Kusses froh,
Ob sie ihn schon darum ersuchte;
Er fand es heute nicht für gut. . . .
Daß auch Finette voller Wuth,
Den der die Post erfand, verfluchte.

(129) Doch es geschahe kurz hernach,
Daß als Lubin am andern Tag
In seinem Hof herum spazierte:
Sah er wie sich sein Hahn nicht regt,
Und schlafend in die Sonn gelegt,
Und nicht die Hühner careßirte.

Da sprach Lubin zu seiner Frau:
Komm doch Finette her und schau,
Wie kommts, der Hahn will sich nicht paaren?
„Was geht mich, sprach sie, dieses an?
„Vielleicht ist unser guter Hahn
„Sehr lange auf der Post gefahren.“

130) Abschieds-Ode da der junge Herr G** sich von hier
auf die Universität nach Leipzig begabe.

Muse helfe singen!
   Lasse mir gelingen
Dieses Abschiedslied!
Weil mein Freund aus Frankfurt zieht;
Sollen meine schwache Sayten
Ihm ein Lied bereiten.

Heftig ist mein Trauren;
Da du aus den Mauren
Frankfurts dich begiebst;
Weil du Wissenschaften liebst,
Setzest du nun deine Reise
Frölich nach der Pleisse.

(131) Musen geht mit Freuden!
Helfet ihn begleiten
In das Sachsenland!
Führt ihn an der Pleisse-Strand!
Schmücket ihn mit Epheu-Cronen,
Seinen Fleiß zu lohnen.

Mit betrübten Blicken,
Müssen wir uns schicken
Dir jetzt nachzusehn.
O! wie wird es uns ergehn?
Da du länger nicht verweilest
Und nach Leipzig eilest.

Dich nicht zu vergessen,
Streuen wir Cypressen

Auf den Helicon;
Frankfurts Musen trauren schon,
Denn sie müssen den entbehren,
Den sie hoch verehren.

(132) Leipzig trägt Verlangen:
Bald dich zu umpfangen,
Treflicher Poet!
Aber sieh wie es uns geht.
Schaue wie die Zähren fliesen,
Die wir jetzt vergiesen.

Glücklich sind die Zeiten
Die wir dir zur Seiten
Frölich zugebracht!
An den Abschied nicht gedacht.
Jetzo aber Schmerzen leiden
Weil wir von dir scheiden.

Doch sie sind verflossen,
Und du hast beschlossen
Von uns wegzuziehn.
Drum was hilft uns das Bemühn?
Dich nun davon abzubringen,
Wird uns nicht gelingen.

(133) Eile derowegen
Deinem Glück entgegen,
Du mein bester Freund!
Ist es jetzo wie es scheint
Mir schon vor dem Abschied bange;
Wird es doch nicht lange.

Denn nach kurzen Zeiten,
Werden wir, o Freuden!

Froh uns wieder sehn.
Schnell wird diese Zeit vergehn.
Bis in Leipzigs schönen Auen
Wir uns frölich schauen.

Lebe stets in Freuden!
Kummer, Angst und Leiden
Sey dir unbekannt!
Freund verlaß dein Vaterland!
Scheide frölich von Verwandten,
Freunden und Bekannten.

134) Sieh der Musen Sehnen!
Dich bald zu becrönen,
Stehn sie Hofnungs-voll.
Bis der gütige Apoll,
Mit dem Kranz der dir gebühret,
Deine Scheitel zieret.

Nun so lebe, grüne!
Ziehe von Mönine
Nach der Pleisse hin!
Könnte ich doch mit dir ziehn!
O! genösse ich der Freuden:
Freund, dich zu begleiten!

Aber das Geschicke
Hält mich noch zurücke
Und ich bleibe hier.
Drum, mein Freund! so sende mir,
Damit daß wir Freunde bleiben;
Manches mal dein Schreiben.

135) Ehe wir noch scheiden,
Wünsche ich mit Freuden

Freund! dir alles Glück.
Doch denk auch an mich zurück,
Wenn du deine Sinnen lenkest
Und an Frankfurt denkest.

(136) An meine Muse.

Du Muse! sey gepriesen,
    Daß du mir schon so öfters,
Im Dichten beygestanden!
Wie kan ich deine Treue,
O Freundinn! dir vergelten?
Nie liesest du mich warten.
Kaum bat ich dich um Beistand;
So warst du schon zugegen,
So daß sich meine Verse
Mit leichter Mühe reimten.
Drum sprich o liebe Muse!
Was hat dich doch bewogen:
Mir, einem schlechten Dichter,
So öfters beizustehen?
Ich kan es nicht begreifen,
Womit ich es verdienet,
(137) Daß du dich meiner immer,
So herzlich angenommen.
Ich bitte: stehe ferner,
O Freundin! mir zur Seiten!
Dann will ich dir zu Ehren,
Noch manches Liedgen singen!

(138) Bey der Abreise des jungen Herrn M* * auf die
Universität Göttingen. Abschieds=Ode.

Freund! kanst du den Vorsatz wohl fassen,
Dein Vaterland jetzt zu verlassen?
Hält dich denn kein Bitten zurück?
Du scheidest von Deinen Verwandten,
Von Eltern, Geschwistern, Bekannten
In Göttingen, suchst du dein Glück.

Empfange die Frucht meiner Flöten,
Nimm von einem schlechten Poeten
Zum Abschied diß kurze Gedicht!
Mich macht unsre Freundschaft noch kühner.
Es singt dir zu Ehren dein Diener,
Geliebter, verschmähe mich nicht!

(139) Wie glücklich hast du dir gewehlet!
Gerechtigkeit hat dich beseelet,
Drum wehltest du dir auch das Jus.
Ich selbsten ich will mich bequemen,
Zur Hand die Pandecten zu nehmen,
Diß seye und bleibe mein Schluß!

Wie edel ist Freund dein Bestreben!
Dort willst du dem Jus dich ergeben,
Es lobt dich, wer dich nur erblickt.
Gewiß dein Gesuch ist nicht eitel.
Leb frölich bis daß deine Scheitel
Ein würdiger Doctorhut schmückt!

Im Geiste schon seh ich die Freuden,
Die einstens dich werden begleiten,
Zukünftiger grofer Jurist!
Ich sehe schon jetzt die Clienten,

Wie sie all zu dir sich hinwenden,
Weil du ihr Beschützer bald bist.

(140) Wir werden zwar freilich getrennet,
Der hier sich dein Diener genennet,
Empfindet jetzt Schmerzen für Lust;
O wüstest du wie ich mich kränke!
Wenn ich an den Abschied gedenke;
So quälet das Leid meine Brust.

Doch steigt auch mein Leid bis zum gröſten,
So kan ich doch damit mich tröſten:
Daß du mich nicht völlig vergißt.
Ich hoffe du wirſt mir bisweilen,
Ein günſtiges Schreiben ertheilen,
Wenn du in der Fremde schon biſt.

Wohlan mein Geliebter! so lerne
Die Rechte. Doch aber entferne
Dich allem, was unrecht enthält.
Dann wird man dich immerfort ehren,
Man wird deinen Beiſtand begehren
Und trachten wie man dir gefällt.

(141) Verbanne nunmehr alles Trauren,
Begieb dich in Göttingens Mauren,
Und bleibe wie sonſten mein Freund!
Was hilft uns das Grämen und Leiden?
Wir müſſen nunmehro uns scheiden,
Ob es noch so schmerzlich uns scheint?

Ich seh schon im Geiſte dich eilen,
Hier willſt du nicht länger verweilen,
Du fähreſt mit Freuden davon
Schon tönet das Poſthorn von ferne,

Die Pferde gehn willig und gerne,
Es knallet der Postilion.

Kommt Musen und helft ihn begleiten!
Begebt euch ihm nicht von der Seiten,
Daß man euch den Liebling nicht raubt.
Um seine Bemühung zu lohnen:
So flechtet ihm Kränze und Cronen,
Und schmücket mit diesen sein Haupt!

(142) Nun wünsch ich Geliebter! nicht weiter
Als dieses: GOtt sey dein Begleiter!
Der Höchste verleihe dir Glück!
Ich lege die Flöte zwar nieder;
Doch einstens ergreif ich sie wieder,
Wenn ich dich als Doctor erblick.

(143) **Damon und Daphne ein Schäfer-Gedicht.**

Damon.

Das Wetter ist vorbey das über uns geschwebet,
    Ein warmer Regen hat die Erde neu belebet,
Der GOtt, der kurz vorher sich schröcklich uns gezeigt,
Ist nun nicht mehr erzürnt. Der krause Donner schweigt.
O Daphne zittre nicht! Jetzt wollen wir uns sprechen,
Da keine Blitze mehr durch schwarze Wolken brechen;
Laß uns nunmehr vergnügt aus unsrer Hütte gehn!
Sieh wie die Schaafe dort an jenem Bache stehn!
(144) Sie schütteln von der Woll den Regen noch herunter,
Und da kein Donner brüllt, so sind sie wieder munter.
Komm laß uns Hand in Hand aus unsrer Hütte gehn!
Und nun der Gegend Glanz im Sonnenschein besehn.
Darauf verdoppelten sie beide ihre Schritte,

Und Hand in Hand gelegt verliesen sie die Hütte.
Sieh! rief die Daphne aus und drückte Damons Hand:
Wie herzlich glänzt nunmehr im Sonnenschein das Land!
Sieh wie des Himmelsblau die Wolken nun verdringet,
Und wie die Sonne sich durch deren Ritze zwinget.

(145) Sieh wie die Wolken fliehn! und wie im Sonnenschein,
Die Schatten vom Gewölk sich in dem Feld zerstreun.
Mein Damon! siehst du dort den runden Hügel liegen?
Wie von demselbigen die dunkle Schatten fliegen,
Wie alles von der Sonn wie Diamanten leucht
Und wie der Heerde Zahl durch jene Felder streicht.
Betrachte, wie alldort auf jenen bunten Wiesen,
Die Blumen aufrecht stehn, und wie die Bäche fliessen.
Und Damon sprach entzückt und drückte Daphnens Hand:
Sieh, wie der Bogen glänzt, den Iris ausgespannt!

(146) Sieh seine Farben an, wie künstlich er bereitet,
Und wie er sich so schön und lieblich ausgebreitet!
Er prophezeiht dem Land von neuem seine Ruh,
Und Iris lächelt uns aus ihm von ferne zu.
Mit zartem Arm umschlung die Daphne ihren Hirten,
Und sprach: Sieh wie anjetzt die Zephirs uns bewirthen,
Sieh wie ihr zarter Hauch mit meinen Locken spielt.
Wie groß ist doch die Lust die meine Seele fühlt!
An Blumen welche dort im Felde glänzend prangen,
Sieht man hellblitzend noch die Regentropfen hangen.

(147) Sieh, hinter dem Gebürg steigt nun die Sonn hervor.
Der bunte Schmetterling schwingt glänzend sich empor.
Hör in dem Grase dort des Heupferds schwache Stimmen,
Sieh wie im nahen Teich die stummen Fische schwimmen.
Drauf lasse deinen Blick auf jene Weyden gehn,
Die um den Teich herum beglänzt von Tropfen stehn.
Man sieht im Wasser nun das Bild des Himmels wieder,

Und von dem Vogelheer ertönen neue Lieder,
Der Nachtigallen Stimm erfüllt den ganzen Wald,
So daß von ihrem Lied das Echo wiederschallt.
(118) Umarme mich mein Kind! sprach Damon: welch Vergnügen
Empfind ich, wenn ich seh vor mir den Hügel liegen!
Wie prächtig stellt das Feld, das ganz verdorret war
Mit unbeschriebnem Pracht sich meinen Augen dar!
Ich seh, vom Sonnenlicht, bis auf die Erd herunter,
Zum kleinesten Gewächs, o Daphne nichts als Wunder.
Wenn ich Geliebteste! auf jenen Hügel bin:
Denn reißt Entzücken mich und meine Seele hin.
Wenn ich von seiner Spitz das weite Feld erblicke,
Dann steh ich ganz entzückt und preise das Geschicke.
(119) Und wenn ich in das Gras mich Sorgenlos gestreckt,
Dann sehe ich das Feld mit Blumen überdeckt,
Ich seh die Bäume blühn. Es freut sich mein Gemüthe
Und stammlend preise ich des Schöpfers grose Güte.
Wenn ich in aller Früh das Morgenroth betracht,
Denn seh ich wie die Sonn aus ihrem Schlaf erwacht:
Und wenn ich bey der Nacht mich von der Hütt entferne,
O! dann betrachte ich entzücket Mond und Sterne.
Wenn nun mein scharfer Blick diß alles übersieht,
Dann schwillet mir die Brust und aller Kummer flieht.
(150) Ich kan ohne innre Lust die Wunder nicht erblicken,
Denn wein' und sinck ich hin und stammle mein Entzücken
Dem der die Erde schuf. Nichts kann mich mehr erfreun,
Es sey denn, Daphne! diß: von dir geliebt zu seyn.
Auch mich, ach Damon! mich, entzücken diese Wunder. . . .
Doch sieh! die Sonne gieng bey unserm Reden unter.
Es nähert sich die Nacht. Drum laß uns hier vereint,
So lange noch verziehn, bis sie uns wieder scheint.
Laß uns in zärtlicher Umarmung hier verweilen,

(151) Biß wir dem Morgenroth vergnügt entgegen eilen.
Da uns der Schöpfer hier durch seine Wunder rührt,
So laß uns dankbar seyn, weil ihm nur Dank gebührt.
Wenn wir inskünftige des Schöpfers Macht erblicken,
Dann wollen wir entzückt an unsre Brust uns drücken.
Denn kein Vergnügen ist noch gröser auf der Welt;
Als wenn die Liebe sich zu dieser Lust gesellt.

(152) Trauer-Ode.

Solt ich unempfindlich bleiben,
 Da mein Liebstes nicht mehr lebt?
Sollt ich nichts von Klagen schreiben,
Da man, Schwester! dich begräbt?
Nein, es sollen meine Saiten,
Dir ein Trauerlied bereiten.

Gleich in deinen ersten Jahren
Reißt ein schneller Tod dich hin,
Da du kaum, was Welt, erfahren,
Bist du schon nicht mehr darinn.
Schon bei deinem ersten Lallen,
Mußte unsre Freude fallen.

Klage, Wehmuth und Betrüben,
Herrschen in dem ganzen Hauß.
Diese die wir zärtlich lieben
Träget man von uns hinaus.
Warum sollten wir nicht klagen,
Da du wirst zu Grab getragen?

(153) In dem Frühling deiner Jahre,
Sehen wir dich schon erblaßt.
Ja wir sehn dich auf der Baare,

Da du kaum gelebet hast.
Und der Blattern schwere Plage
Ist das Ende deiner Tage.

Doch die Vorsicht will es haben
Und ihr Wink verhieß es so,
Lassen wir dich schon begraben,
Macht dich GOtt doch wieder froh;
Denn er wird in jenem Leben,
Dir die Ehrencrone geben.

Er entrisse dich dem Leiden
Und der Plagen dieser Welt,
Führt dich nun in jene Freuden
Die er Frommen aufbehält,
Dorten wirst du mit Entzücken
Den gerechten GOtt erblicken.

(154) Gerne wollt ich länger klagen,
Doch es ist unmöglich heut,
Mein Gemüth ist zu zerschlagen,
Und mein Geist ist ganz zerstreut
Denn ich seh dein Bild im Leben.
Mir noch stets vor Augen schweben.

Niemals werd ich dich vergessen,
Schwester, die mein Herz geliebt!
Stets will ich bey mir ermessen,
Wie dein Abschied mich betrübt;
Wenn ich nur ein Kind erblicke.
Denk ich auch an dich zurücke,

Doch diß macht mich wieder frölich,
Wenn ich noch so traurig bin:
Schwester! denn du starbest seelig

Und der Tod war dein Gewinn.
Mußtest du schon Schmerzen leiden,
Lebst du ewig jetzt in Freuden.

(155) Ruhe wohl, erblaßte Leiche!
Schlafe sanft, geliebtes Kind!
Deine Seel ist in dem Reiche,
Wo die Cherubinen sind.
Und dein Leib, der in der Erden,
Wird dereinst verkläret werden.

(156) Ode an die Phillis.

Schönste Phillis! die ich liebe,
  Dich besingt mein schwacher Kiel.
Obschon, was ich an dich schriebe,
Dir nicht allezeit gefiel:
Dennoch Freundin! will ichs wagen,
Dir auf diesem kurzen Blatt,
Meine Liebe vorzutragen,
Die nicht ihres gleichen hat.

Musen bleibt nur ruhig sitzen!
Eure Hülfe brauch' ich nicht.
Phillis selbst will mich beschützen,
Ihr nur weih' ich diß Gedicht.
Zum Parnaß steh' ich nicht wieder,
Phöbus bleibe wer er ist.
Wenn du, Heldin meiner Lieder!
Selbst nur meine Muse bist.

(157) Lacht nur Spötter meiner Lieder,
  Die an Phillis nur gericht,
Ist mir diese nicht zuwider,

Acht' ich euer Spotten nicht;
Nennet es ein thörigt Brennen!
Wenn man sich im Lieben übt,
Solltet ihr die Phillis kennen,
O! ihr würdet selbst verliebt.

Von Gesichte nicht zu hager,
Und an Gliedern zart und weich,
Von Gestalt nicht stark, nicht mager,
Nicht zu roth und nicht zu bleich.
Augen, die zu scherzen wissen,
Doch mit Sittsamkeit erfüllt,
Und ein Mund, voll Reitz zu küssen.
Seht das ist der Phillis Bild!

(158) Das nur, was das Herze stiehlet,
Was nur innerlich entzückt:
Dieses alles wird gefühlet,
Wenn man Phillis nur erblickt. . . .
Dünkt euch dieses Bild nicht schöne,
So bin ich nicht Schuld daran,
Wenn ichs durch die matten Töne
Nicht vollkommner schildern kan.

Laßt sie tanzen, küssen, singen,
Scherzen, lachen oder ruhn,
Laßt sie was aus Pflicht vollbringen,
Oder zum Vergnügen thun.
Lasset sie die Wirthschaft treiben,
Laßt sie sitzen oder gehn,
Laßt sie reden oder schreiben,
Alles wird ihr artig stehn!

(159) Wollt ihr sie mit Purpur decken,
Er erborgt den Glanz von ihr.

Wollt ihr sie in Kittel stecken,
Glaubt, es bricht ihr Reiz herfür.
Gebt ihr was ihr wollt für Kleider,
Stets wird sie sich ähnlich seyn,
Denn sie handelt nicht vom Schneider,
Ihres Leibes Ansehn ein.

Wer hat je ein Kind erblicket
Welches meiner Phillis gleicht?
Ja sie hat auch ohngeschmücket,
Stets den höchsten Preis erreicht,
Alle die nur Phillis kennen,
Räumen ihr den Vorzug ein:
Will man etwas schönes nennen,
Darf es nur die Phillis seyn.

(160) Lobt nur immerhin Lisette!
Dieses ist mir einerlei.
Unter allen kommt, ich wette,
Keine meiner Phillis bey. . . .
Weg mit allen Dulcineen
Welche Ritter je verehrt!
Phillis nur mus oben stehen,
Sie allein ist Lobenswerth.

Glaube Phillis! unter allen,
Welche je mein Aug erblickt,
Hat mir keine wohlgefallen,
Keine hat mich je entzückt:
Du nur bist es, die ich liebe,
Keine andre wehl' ich mir:
Ach! belohne meine Triebe,
Schenke mir dein Herz dafür!

144

Namenregister.